不安はすべて乗り越えられる!

堤 未果

Tsutsumi Mika

はじめての留学

心の友だち

PHP

まえがき

一九九〇年の夏、私の前には一本の道があった。

モントレー・ペニンシュラ空港から国道一号線に乗ったとき、まっすぐのびるハイウェイに胸がわくわくしたのを覚えている。雨あがりのアスファルトが、焼けるようなカリフォルニアの太陽の下できらきらと光っていた。それはその後、上空を飛ぶ飛行機や海岸を出る船、大陸を横断する列車へと形を変えて、私をさらに遠くへ運んでくれることになる。

高校を卒業したばかりの私が選んだ留学先は、自由とチャンスの国アメリカ。空前の円高ドル安に後押《あとお》しされた留学ブームに、九〇年代半ばの全米国別留学生のトップは日本人が占《し》めていた。集団主義の日本社会で自分を見つけることは難しい。日本ではダメでもアメリカならきっとうまくいく。アメリカンドリームという言葉にはそう思わせる不思議な力があった。

そしてそれは本当だった。

芝居《しばい》を学ぶために留学したはずの私が、その後カリフォルニアからニューヨークに移り、卒業して職を得て十年以上も住むことになったのだから。もし勤務先で同時多発テロにあわなければ、きっと市民権を取りアメリカ人として永住していただろう。

長いアメリカ生活を終え帰国した私に、今たくさんの問いが投げられる。

自由とはいえみなが銃《じゅう》を持ち歩くあの国の犯罪率は高く、失業率は上がりっぱなしで医療《いりょう》破産やホームレスも増えている。超《ちょう》格差社会で弱肉強食、日本よりずっと住みにくいアメリカにわざわざ行く価値はある？　大体、留学しても今は帰国後の就職にも大して有利にならないのでは？

聞こえてくるのはアメリカ社会へのネガティブイメージと、将来への不安が混じったため息の数々だ。私は自分に問いかける。もし今時間を巻《ま》き戻《もど》しもういちどあの頃《ころ》に戻《もど》れたとしたら、自分は果たして留学したいと思うだろうか？

答えはイエス。

十九歳《さい》の私が行く前に持っていた疑問。勉強についていけるか？　友だちはちゃんとできるだろうか？　身の安全は大丈夫《だいじょうぶ》か？　本当に留学してプラスになるか？

今も探せばいくらでも出る不安材料を探すより、全部ひっくるめてもおつりがくるような充実《じゅうじつ》した留学生活をイメージしたほうがずっとわくわくする。

そして人生はいつだって、悩《なや》んでいるときよりも自分を信じて決断するときに限って追い風が吹《ふ》くものだ。モントレーで私はそれを何度も繰《く》り返《かえ》し経験した。

今も壁《かべ》にぶつかるたびに、私の翼《つばさ》に力をくれるあの暖かい風を、今、留学を考えているすべての人と分かち合いたい。

堤《つつみ》　未果《みか》

◎はじめての留学　目次

装幀——こやまたかこ
装画——宮尾和孝
本文イラスト——さとうゆし

はじめての留学

ホームステイでオーマイガッド！

留学する前、まず不安なのは住むところだ。ホストファミリーは親切な人たちだろうか？　言葉はうまいこと通じるか？　食べ物は合うか？　得体《えたい》の知れないペットを飼ってやしないだろうか？

ある留学案内書の中には、ホストファミリーとのコミュニケーションがうまくいかず、三カ月も部屋に引きこもった少年の話が出ていた。そう。留学を成功させるにあたり、ホストファミリーはそれほど重要なカギになる。

一九九〇年八月十七日。私は期待と興奮で胸を膨《ふく》らませ、飛行機のタラップを降りた。初めて目にするモントレーの空はどこまでも青く、空気は澄《す》み渡《わた》り、風は柔《やわ》らかく私の頬《ほお》を滑《すべ》っていった。

私はバッグから小さなメモを取り出した。

〝ミセス・ジョハンナ・ケディ〟

ホームステイ先である。行く二日前にスクール・オフィスからＴＥＬがあり、この名前を知らされた。母は大喜びで私に言った。

「運が良かったのよ。家を探している学生は多いのに、たまたますんなり決まったんですって。インドネシアの女性よ。アメリカ人の養女もいるんですって」

私はエキゾチックなインテリアの中で、上品に極辛《ごくから》カレーを口に運ぶ彼等《かれら》と自分を想像した。う～ん、ワンダフル！

空港内に入ると、小さな荷物のベルトコンベアがあり、その向こうに小さな到《とう》

着《ちゃく》ロビーが見えた。私は岩のように重い荷物をうんうん言いながら持ち上げると、ドキドキしながら到着《とうちゃく》ロビーへと向かった。

一目で全部見渡《みわた》せるロビーにそれらしき人物はいなかった。二組のアメリカ人の家族に、一組の老夫婦がいるだけだ。私はイスに座って待ったが、誰《だれ》も迎《むか》えに来る気配がない。

私は心配になった。時間間違《まちが》えた？　いや確か二時の飛行機と伝えたはずだ。電話してみようか。私は二五セント玉を握《にぎ》りしめると、公衆電話を探そうと立ち上がった。

そのとき、誰《だれ》かに袖《そで》を強く引っ張られた。

来た！　私の頭にはとっさに、『留学生の手引き』の中の、「見知らぬ人に話しかけられても決してすぐ愛想良くしないこと。相手が金目当ての場合もあり危険である」のくだりが浮《う》かんだ。緊張《きんちょう》で体が一瞬《いっしゅん》固くなる。

私は口元を引《ひ》き締《し》めると、ゆっくりと振《ふ》り向《む》いた。

そこには私と同じくらいの背の、小柄《こがら》なオバサンが立っていた。

髪《かみ》は大胆《だいたん》にカールがかかり、浅黒い肌《はだ》にまっ赤な口紅を塗《ぬ》っている。ジーンズの上に着た白いトレーナーには、金の文字で大きく「ＴＥＸＡＳ」と書いてある。鼻は丸っこく、その上に子供のような大きな目がついていた。

「アーユーミカ？」

「イエス」私は嫌《いや》な予感を抑《おさ》えながらそう言った。

「ヘーイ！　アイアムケディ！」

衝撃《しょうげき》の出会いであった。

私の想像していたほっそりとした東洋美人との食卓《しょくたく》の図は、一瞬《いっしゅん》の内に玉砕《ぎょくさい》した。自己紹介《しょうかい》をする間もなく、私の腕《うで》をグイと引っ張ると、ケディは、なまりの強い英語で言った。

「さあさ、早いとこ行こうよ。車を回しといたんだ」

空港の駐車場に、とてつもなく大きなアメリカ車が止まっていた。小柄《こがら》なケディが乗《の》り込《こ》むと、まるでミニチュア人形だ。

「あの、これからよろしくお願いします」

そう言うと、ケディは何も言わずに頷《うなず》き笑顔を見せた。

家はアメリカ風の平屋で、庭にはリンゴの木が生えていた。玄関《げんかん》の脇《わき》には色とりどりの花が咲《さ》き乱《みだ》れている。

うわあ可愛い家だ！　私は嬉《うれ》しくなった。

「ネコ好き？」

ケディが尋《たず》ねた。

「大好き！　飼ってるの？」

私は飛び上がって喜んだ。

「ジャスタモーメント」

そう言うとケディはガレージのドアを開け、あらんかぎりの声で叫《さけ》んだ。

「トラ！　トラ！」

トラ？

私は一瞬《いっしゅん》、耳を疑った。

「トラ」と言えば「タマ」についで日本のネコにつけるポピュラーな名前だ。

しばらくしてケディが抱《だ》いてきたネコを見て、私はぎょっとした。

茶色に黄色の縦縞《たてじま》。ネコ好きの私の目に狂《くる》いがなければ、それは紛《まぎ》れもなくニホンネコだった。しかも私が一番最初に飼っていた「タマ」と瓜二《うりふた》つではないか。

「えっと、このネコもちろん英語しかわからないんでしょ？」

私は驚《おどろ》きのあまり、間の抜《ぬ》けた質問をしてしまった。

ところがケディの答えは意外であった。

「ノー、ヒーキャンアンダスタンドジャパニーズ！」

ちょっと待って。私が何か言いかける前にケディは、「さあさあ、中にお入り」と私をせき立てた。

リビングに入るなり私はまたまたぎょっとした。部屋の壁一杯《かべいっぱい》に、私の体くらいある大きな十字架《じゅうじか》が掛《か》けてある。

それだけではなかった。キッチンからトイレの中まで、家中の部屋に、必ず十字架《じゅうじか》かジーザス（イエス－キリスト）の肖像画《しょうぞうが》が飾《かざ》ってあるのだ。

ここまでくればもう疑う余地はない。私のホストファミリーはスーパー熱心なクリスチャンであった。

こうして、来る前には夢にも思わなかった、無宗教の私とクリスチャンファミリーとの共同生活がスタートしたのである。

ケディとアメリカ人の娘《むすめ》さんのメムシー、二人とも徹底《てってい》したクリスチャンぶりだ。とにもかくにもふたこと目には「ジーザス」の名前が口に上《のぼ》る。

朝に弱い私が、一応人様の家だからと無理やり八時に起きると家の中はすでにもぬけのから。彼等《かれら》はなんと六時に起きて教会に通っているのだった。

もちろん食事前のお祈《いの》りは不可欠だ。

一度お祈《いの》りの最中に目を開けてはいけないというケディの言いつけを破り好奇心《こうきしん》から薄目《うすめ》を開けた。すると食事の後でメムシーにひどく叱《しか》られた。

「ミカ、ジーザスに反抗《はんこう》してはダメ。彼《かれ》はお見通しなんだから」

今思えば、なぜメムシーは、私が目を開けてたことを知っていたのだろう?

さらにショッキングな出来事が起きた。

その週の金曜の午後、私が学校から帰ってくるとキッチンからケディの鼻歌が聞こえてきた。

キッチンに入るとテーブルの上にはずらりとご馳走《ちそう》が並べてある。私は飛びあがった。

「何これ、誰《だれ》かのバースデイ？」

私が聞くとケディはフンと鼻で笑い、

「ちがうよ、今日はバイブルスタディなの」と言った。

「バイブルスタディ？」

「私がジーザスについて教えるんだよ」

そして五時きっかりになると、近所に住む日本人のオバ様たちが次々とドアを開けて登場し始めた。

とたんにリビングはジャパニーズ井戸端《いどばた》会議の場と化した。

「ヤッホー、ケディさん！」

「ケディさん、そら、わたしんとこの漬物《つけもの》持ってきたよ」

「あれ、あんた今度入った学生さん？　さあさ、ここへ来てあんたも一緒《いっしょ》に聖書を広げな」

あっという間に私はオバ様たちの輪の中で一緒《いっしょ》にバイブルスタディを受けるハメになってしまった。

分厚い老眼鏡片手に聖書を大声で朗読するオバ様方の間にピッタリと収まってしまった私には逃《に》げる暇《ひま》も与《あた》えられず、彼女《かのじょ》たちと一緒《いっしょ》に夜中まで聖書を広げるハメになった。

一体これは何なんだ？　私の素晴らしい留学生活は一体……。

「イエス様を信じない人は皆地獄《みなじごく》へ行くのです」。ケディはバイブルスタディをいつもこう言って締《し》めくくる。

それを聞くたびに、私はなんとなく居心地が悪くなり、目を合わせないようにうつむいてしまうのだけれど。

ケディに賛美歌の伴奏《ばんそう》を頼《たの》まれ、教会の日曜礼拝にも何度か通った。

神父様の説教の最中にたまらなくなって祭壇《さいだん》にひざまずき、犯した罪への許しを請《こ》う人々の姿は、集団のもたらす巨大《きょだい》なパワーに満ちている。

あれだけの「気」が集まれば奇跡《きせき》を起こすことも可能だろう。そして、それは「イエス様の奇跡《きせき》」として後世に語《かた》り継《つ》がれるのだ。アーメン。


それがホントにホントであると実感する出来事が私にも起きたのは、十一月の初めにカゼをこじらせ高熱を出して寝込《ねこ》んだときのことだった。

それはひどい流感《りゅうかん》（流行性感冒《かんぼう》）で、私は一週間もベッドから出られず、ケディやメムシーともろくに話をしなかった。

アメリカは日本と違《ちが》い、同居人がカゼを引こうが足を折ろうが、日本人のように細やかな気遣《きづか》いをしない。冷たいというわけではなく、単にそういう習慣がないのだ。

「カゼをひくのは体が甘《あま》ったれてる証拠《しょうこ》、そんなものに頼《たよ》らず『気』の力で治せ！」

私が小さかった頃《ころ》、「気」にこっていた母のおかげで我が家には病人の特権というものが存在しなかった。

ベッドでのたうち回る私に、薬やお粥《かゆ》でなく「気のススメ」の本をいそいそと運ぶ母に、私の「おふくろさん像」は砕《くだ》かれたが、よくよく見ればその母ですらもう片方の手にはみかんの一つも握《にぎ》りしめていた。私は布団の端《はし》からそれを見て涙が出そうになったものだ。

ところがそれよりひどいここアメリカでは、病人の特権どころの騒《さわ》ぎじゃない。カゼをひき寝《ね》たきりの私など存在も忘れられてるようだ。ディナーの時間がきても知らん顔して私抜《ぬ》きで食べている。ついに空腹に耐《た》え切れなくなった私は、熱い体を無理やりベッドから引きずり出すと、這《は》うようにしてキッチンに入った。

しかし、その日に限って夕飯の残りは何もなく、テーブルの上にバナナが一房《ひとふさ》ポツンと置いてあるだけだった。それでもそのときの私には、まるで暗闇《くらやみ》を照らす金色の果実のようにピカリと光って見えた。私は夢中で皮を剥《む》き、モリモリと一気にバナナを平《たい》らげた。味は素晴らしかった。おなかもふくれ、最高に幸せな気分だった。バナナ最高!

私は思わず、目の前に山積みになったバナナの皮たちに頭を下げてしまった。

そうだ、私はもう日本にいるんじゃないんだ。そんなの当たり前じゃない? でもコンビニエンス（便利）な環境《かんきょう》に慣れてしまった頭には、この当たり前の事実ときちんと向き合うことはなかなか難しい。だけど体は頭よりずっと正直だ。

日本から確かに持ってきたはずの自信は、夜の十時に人様の家の台所でバナナに深々と頭を下げる自分の姿に気づいたとき、あっけなく崩《くず》れ去《さ》るのである。体で学んだことはどんな教科書を読むよりも強い力で心を揺《ゆ》さぶり、決して忘れることはない。

頭で学ぶこと、体で学ぶこと、似ているようでまったく違《ちが》う、どちらか一方で人生を渡《わた》っていくにはあまりにも脆《もろ》いこの二つ。これらが自分の中でカチリと音を立てて組み合わさったとき、初めて自分の中に、今度こそ、ちょっとやそっとじゃビクともしない自信が根づき始めたことを知る。

右へならえの日本社会を飛び出して、信じてきた価値観が実は自分の思い込みだったと気づいたときのショックは、暗闇《くらやみ》を抜《ぬ》けて初めて光を目にするときの感動にも等しい。

パア〜っと目の前が開けてくる、そんなチャンスが出血大サービスよろしくごろごろ転がっているのが留学だ。

カゼを引いてから八日目の朝、ケディが私の部屋にひょっこり顔を出した。久しぶりの再会だった。

「ハウドウユウフィール？（気分はどう？）」

「ナットソーグッド（良くない）」

ケディは私の額《ひたい》に手を当てた。そして、「ワーオ！　ミカイズホット！（熱い！）」と叫《さけ》ぶと「待ってな。エブリシング・ウィルビーオーライ！（大丈夫だから！）」と言って部屋から走り出ていった。

やっとわかってくれたんだ。感動が胸に押《お》し寄《よ》せた。バナナはおいしかったけど、それはそれ。実はケディは料理がメチャクチャうまい。しかも日本食も作れるではないか！　私は大好物の鶏雑炊《とりぞうすい》を想像し、ウキウキしてケディの帰りを待った。

ところが、待てど暮らせど誰《だれ》も来なかった。

わーん！　やっぱりアメリカだ。期待を裏切られたショックは大きく、私は枕《まくら》に顔を押《お》しつけてそのまま眠《ねむ》りに落ちた。

誰《だれ》かの話し声で目が覚めた。ドアの外が変に騒《さわ》がしい。時計を見ると九時半で、何やら異様な雰囲気《ふんいき》だ。その時いきなりドアが開いた。「きゃっ！」私は反射的に毛布をたくしあげ顔を隠《かく》した。

「ミカ！」

よく見るとケディだった。続いてゾロゾロと部屋に入ってきたのは、バイブルスタディのオバ様たちではないか！

「さあ皆《みな》さん、用意はＯＫ？」

ケディのかけ声《ごえ》とともに、オバ様たちは皆一斉《みないっせい》に私のベッドにひざまずき、口々にお祈《いの》りを始め、狭《せま》い部屋の中に声

が響《ひび》きわたる。十二人の祈《いの》りは私を圧倒《あっとう》した。皆《みな》、眉間《みけん》にシワを寄せ口々にジーザスの名前を口にしている。

「オージーザスクライスト……アーメン！」

ケディに続く十二人のアーメンコール。

私が何か問いかける間もなく、オバ様たちとメムシー、そしてケディは一言も言わずすみやかに部屋から出ていった。

なんだったんだろう、今のは。とりあえずなにか凄《すさ》まじい類《たぐい》のものであったことは確かなようだ。見ると時計は十一時を指している。

私は腑《ふ》に落ちない思いを抱《かか》えたまま、再び眠《ねむ》りに落ちた。

次の朝、体温計で熱を計ると、ゆうべ三十九度を超《こ》していた熱が三十六度七分に下がっていた。

「わ〜い。治ったよ！」

興奮した私は部屋を出ると、キッチンにいたケディにそのことを告げた。

「サンキューケディ！」

ケディは勝《か》ち誇《ほこ》った笑みを浮《う》かべ、

「そーらご覧！　ジーザスの偉大《いだい》さがわかったかい」

そう叫《さけ》ぶと電話帳をめくり、オバ様たち全員の家に片《かた》っ端《ぱし》から電話をかけ、その旨《むね》を伝え始めた。

私は鶏雑炊《とりぞうすい》の材料を冷蔵庫から出しながら、電話口で何度も「アーメン！」を叫《さけ》ぶケディを見て思った。

〝この分だと、今週はバイブルスタディを断るわけにはいくまい〟

その夜、私のベッドの脇《わき》の壁《かべ》には、誰《だれ》がかけたのか新しくもう一枚ジーザスの絵が増えており、それにはクネクネした字でこう書いてあった。

〝私の声を聞く者だけが、天国の門をくぐるだろう〟

肺炎《はいえん》で天国の門をくぐることにならなくてホントに良かった。

私は隣《となり》の部屋にいるケディに聞こえないよう小声で呟《つぶや》いた。

ニワトリちゃん、いきなり大ピンチ！

日本ではついうっかりで済むようなドジも、アメリカでは命取りになりかねない。ところがどっこい、母国にいようが異国にいようが、元来持って生まれた性格というものはそう簡単に変えられるものではない。本人がどんなに努力していても、ある日突然《とつぜん》ヒョッコリと顔を出す。

留学前、母は私に散々言った。

「いつも後ろを振《ふ》り返《かえ》る癖《くせ》をつけなさい。あなたは三歩歩くと忘れるんだから。まるでニワトリよ」

「大丈夫《だいじょうぶ》だって。ちゃんと気をつけるから」

「アメリカでそれやって殺されたら、自己責任よ」

「平気平気。向こうではよく気をつけるから。人任せにはしないし、怖《こわ》い国だってこと、英会話の先生にも散々言われたから」

「あなたってしっかりしているようで、ときどき魔《ま》がさすのよねえ」

そしてホントに魔《ま》がさした。

今思い出してもゾッとする。あの、「しまった、やっちゃった！」という瞬間《しゅんかん》の恐《おそ》ろしさときたら！

アメリカに留学して、一月《ひとつき》ほどたった頃《ころ》のことだった。

中古車を見に行った帰り道のことだ。バスを乗りつぎ町中の車ディーラーを回った私と友人Ｍはクタクタに疲《つか》れ、ろくに口もきかずにベンチで帰りのバスを待っていた。

ちなみにモントレーはバスの需要《じゅよう》が極度に少ないため本数も非常に限られている。学校からホームステイ先までのバスなどは一時間に一本という、東京出身の私にとってはまさに恐《おそ》るべき町である。

時刻表を調べると次のバスまでにはあと四十分もある。私はうんざりした。

「あ〜あ。ほんとにアメリカって車がないと不便だね」

ため息《いき》をつく私に友人Ｍは大きく頷《うなず》き（ちなみに彼《かれ》も東京生まれ）、笑顔で近くのマクドナルドを指さした。

マクドナルド！

空腹時のジャンクフードほど魅力的《みりょくてき》なものがあるだろうか。日本のように定食屋があるわけでもなく、実際そこには他になにもない。どこまでも平たく広がる町並みに、たった一つビッグＭの黄色が輝《かがや》いている。

私の頭の中はもう大好物のチキンナゲットで一杯《いっぱい》だった。

私たちははしゃぎながら走ってマクドナルドへ飛《と》び込《こ》んだ。

「チキンナゲット六ピースに、フレンチフライと……」

店の中に充満《じゅうまん》する揚《あ》げたてのジャンクフードの香《かお》りに私の顔はほころんだ。

「二ドル五九セント」

その瞬間《しゅんかん》だった。自分が手ブラであることに気づいたのは……。

バス停だ！

私は転がるようにして店を出ると、一目散に走り出した。頭の中で母の声が何度もこだまする。〝後ろを振《ふ》り返《かえ》りなさい〟〝留学生の盗難《とうなん》事件〟〝ニワトリちゃん……！〟

バス停のベンチはもぬけのからだった。後ろから友人Ｍが追いかけて来たが、私は「ない」と言うのがやっとだった。

カバンの中には、小切手帳と現金六〇ドルの入ったお財布《さいふ》、ＩＤ、クレジットカード、そしてホームステイ先の家のカギが入っている。

そして今銀行口座には中古車を買うための資金が！　背中がヒヤリと冷たくなった。

一時間に一本の不便なバスとのんびり屋の運転手のために、何度遅刻《ちこく》しそうになったことか。車がないととても動きが

取れない。独《ひと》り歩きをしたためにレイプされ殺されてしまった留学生の話もある……等々。そう言って必死に車を買うお金を出してくれるよう親を説得したのだ。

決められた月々の仕送り以外の送金は一切《いっさい》しない約束、加えて若者は苦労せねばという考えの母を説得するのは骨が折れたが、最後には父の口添《くちぞ》えで何とか母も首を縦に振《ふ》ったのだ。

そうしてやっとの思いで送ってもらったお金が、私のドジでそっくりそのまま消えてしまったとなると……。

考えただけでも恐《おそ》ろしかった。

そのとき私たち二人の目の前を、買い物のカートを押《お》しているホームレスの黒人のおじさんがゆっくりと横切っていった。おじさんのカートには古毛布が被《かぶ》せられている。

「ねえあの人……。もしかしてさあ」。友人Mが、私をヒジでつついた。

ホームレス、黒人、アメリカでは理由もなくまっ先に疑われる人々だ。でも……。

果たしてその二つの条件だけで疑っていいのだろうか？　だが気持ちとは裏腹に、

私はカートから視線を外すことができなかった。聞いてみようか？　もしかして偶然《ぐうぜん》拾ったかも知れないし、見かけたかも……？　けれど私には尋《たず》ねる勇気がなかった。とにかく被害《ひがい》だけは最小限にとどめなくちゃ！　私はすぐに銀行に向かおうとタクシーを呼ぶことにした。

さて、バスもさておき、こちらもなかなかどうして負けずに遅《おそ》い！　東京のようにビュンビュン走ってなんかいない。電話で呼んでひたすら来るのを待つのだが、待ってても待ってもちっとも来る気配がない。

こうしている間にも、誰《だれ》かが小切手を使ってしまっていたら……。盗《ぬす》んだらまっ先に、向かう所は銀行だろう。

「アメリカだもんね、出てくるのムズカシイんじゃないの～」

と、友人M。そりゃあそうだろう。私も思った。私たちはモントレーの隣《となり》にある人口の半分は黒人、残りはヒスパニックの町にいた。家々は古く、小さく、行《い》き交《か》う車を見てもその貧しさは予想がつく。

そんな場所に取ってくださいと言わんばかりに小切手帳やクレジットカードのどっ

さり入ったカバンが置いてあったらどうだろう？　まるで宝クジを当てたようなものではないか！

ああ、と私は呟《つぶや》いた。もとはといえば、母の忠告を守らずに「ニワトリ」してしまった私がバカだったのだ。これで楽しみにしていた車もオジャンかもしれない。銀行に行き事情を説明していると、途中《とちゅう》から日本人の年輩《ねんぱい》の女性が出てきた。彼女《かのじょ》はひどく同情してくれ、いろいろとアドバイスをくれた。

「現金は持ち歩かないほうがいいわよ。シーサイド？　あそこは黒人が多いから、なおさらね。あまり近づかないこと。この国は怖《こわ》いんだから」

そう言うと、彼女《かのじょ》は人の好《よ》さそうな笑顔でニッコリした。

「ホームステイ先のカギはさあ、こっそりスペアを作って置いとけば？」

友人Mの悪知恵《わるぢえ》に我に返った私の頭の中に、ホストマザーのシスターケディの顔が浮《う》かんだ。そうだ、カギ……！

ホームステイ先の家は町でも有名なクリスチャンだ。しかもシーサイドに住んでいる。用心深さにかけては並じゃなく、夜は三重ロックにジーザス神頼《かみだの》みという折り紙つきだ。そんな家の住人が、もし自分たちの家のカギが知らない人の手に渡《わた》ったかもしれないと知ったら……。

重い罪を犯した私には、どんな罰《ばつ》が待っているのだろうか。ホストファミリーとのコミュニケーションどころの騒《さわ》ぎじゃない。二度と敷居《しきい》をまたがせてはくれないかもしれない。しかも小切手帳にはご丁寧《ていねい》に住所と電話番号まで印刷してある。私は絶望的になった。

ホームステイ先のある町、サニーヒルが近づくにつれ、カギのことをどう説明したものかと心が重くなってくる。

〝どにかくいつもと同じように振《ふ》る舞《ま》って、タイミングを見て打ち明けよう。そうだ今日は木曜日。教会の日だ。ラッキー！　家には入れないけれど、待っている間に言いわけの一つも考えてと……〟

だがドアは開いており、奥《おく》の部屋からいないはずのケディの鼻歌が聞こえていた。

〝おおジーザス……！〟

私は切ったこともない十字を胸の前で切ると、意を決して部屋に向かった。

「ミカ！」

部屋に入ろうとした瞬間《しゅんかん》、シスターケディが大声で私を呼んだ。

「ただいま～！　調子はどうですか？」

私はとっておきの笑顔を作り、ケディの部屋に入った。

「ずいぶん気分が良さそうね。何かあった？」

ケディの問いに、

「いえ何も！　今日は教会じゃあないんで？」

と私。

「い～え、それよりあなた、今日、何か失《な》くさなかった？」

私は一瞬《いっしゅん》耳を疑った。〝失《な》くしもの？〟

「なんで知ってるのっ⁉」

「ジーザストールドミー！（ジーザスが教えてくれたのさ！）」

その人が訪ねてきたのは、午後三時頃《ごろ》だったという。私がマクドナルドへ行ったのが二時頃《ごろ》だから、あれからすぐということになる。

バス通りを車で走っていると、バス停のベンチの上にカバンが一つポツンと置いてあるのが見えた。まわりには誰《だれ》もいない。不思議に思って車を止めカバンを開けると、クレジットカードや小切手帳、カギなどが入っている。その人は驚《おどろ》いて小切手に印刷してある住所を頼《たよ》りに、わざわざ家まで届けに来てくれたらしい。

「アメリカで、失《な》くしたお金が出てくるなんて奇跡《きせき》よ。おおジーザスクライスト……」

手を合わせ始めたケディの横でジーザスの像に頭を垂れながら、私は自分に起こった奇跡《きせき》について考えを巡《めぐ》らせていた。

〝もしかしてもしかすると、神様って本当にいるのかも……〟

シスターケディにはその夜みっちりとお説教され（ジーザスの名前は二呼吸に一回）、翌日の朝の九時、私たち二人は花を両手にその人の家にお礼に行った。

〝なんて親切な人なんだろう。お金を拾ってわざわざ家まで届けに来てくれるなんて、きっとお金持ちの紳士《しんし》かなんかだろう〟

私は緊張《きんちょう》していたため、ケディの説教にも上《うわ》の空で答えていた。

「着いたよ」

ケディの大声に我に返った私は、慌《あわ》てて花を抱《かか》えて車から降りた。

そこは、シーサイドでもとくに貧しい地区の一角だった。危ないから近よるな、と日本人の友だちから噂《うわさ》を聞いていた場所だ。

「ここ?」

私は思わずケディにそう尋《たず》ねてしまった。目の前に何台も並ぶ巨大《きょだい》なトレーラーの他には、家らしきものはまったくなかった。

ケディは何も言わずに右端《みぎはし》のトレーラーの入り口に立つと、「ハロー!」とがなり立てた。

中から出てきたのは黒人の中年女性だった。なんと巨大《きょだい》なトレーラーは、すべて人の住居だった。驚《おどろ》いている私をケディがヒジでつついた。

「何ボーッとしてるのさ、お花は?」

私は慌《あわ》てて花を差し出すと言った。

「一時はどうなることかと……。サンキュー。本当に助かりました」

その女性はニッコリ笑うと、

「今主人を呼んでくるわ。拾ったのは彼《かれ》なのよ。植物は大好きだからきっと大喜びだわ」

そう言って私たち二人を家、つまりトレーラーの内部へと促《うなが》した。

狭《せま》い部屋の中には粗末《そまつ》な家具が置いてあり、壁《かべ》には家族のポートレートが飾《かざ》ってあった。冷蔵庫のドアには、スーパーマーケットで配られる、二五セント引きのクーポンが山ほど貼《は》りつけられている。

間もなく奥《おく》から、優しそうな黒人の男性が顔を出した。

「ハーイ、僕《ぼく》の名はルイス」

着古したワークシャツにすり切れたジーンズ、握手《あくしゅ》をしたときの手は大きくて温かかった。私が差し出した鉢《はち》植えのゼラニウムを見ると、彼《かれ》は顔をクシャクシャにして

「サンキュー」と言った。

「さっそく庭に植え直しますよ。僕《ぼく》はガーデニングが趣味《しゅみ》でね」

そう言って彼《かれ》が指差したのは、トレーラーの横のちっぽけな植《う》え込《こ》みだった。

私は口もきけなかった。

彼《かれ》が黒人であることや、トレーラーに住んでいるような貧しさに驚《おどろ》いたからではない。お金が奇跡的《きせきてき》に戻《もど》ってきた自分の強運にでももちろんなかった。

ショックだったのだ。

何に？　私自身にだ。正確に言えば、私の中に住んでいた恐《おそ》ろしいものの存在、今まで自分の中にだけは存在するはずのなかったもの。

あのときバス停で、前を横切るホームレスのカートから目が離《はな》せなかった私。無意識のうちに心のどこかで犯人を決めつけていた。だからルイスを見たとき、自分の目を疑った。ルイスは黒人。そして貧しい暮らしをしてる。大金を拾い、親切に家まで届けに来てくれたときのルイスの心に、一かけらの汚《け》れでも混じっていただろうか？心に不純物が混じっていたのは私。偏見《へんけん》という目に見えない鎖《くさり》で、心をがんじがらめにしていたのはこの私だったのだ。

〝黒人は怖《こわ》い〟〝ホームレスは社会の落ちこぼれ〟。留学前、耳にタコができるほど聞かされていた人々の忠告によって知らず知らずのうちに閉ざされかけていた心の窓。

ルイスの手の温かさと大きな厚みのある手とクシャクシャの笑顔によって、私の心の鎖《くさり》がぱちんと外れた。

この日のこの出来事は、私の中に消えることのない確かな足跡《そくせき》を残した。

心の窓を開くことは、澄《す》んだ瞳《ひとみ》で世界を見ること。ありのままを素直な気持ちで受け入れようとすることだ。自分だけは違《ちが》うと信じていても、まったく違《ちが》う価値観の中に放《ほう》り込《こ》まれたときに公平で居続けることは簡単じゃない。私は「留学」というものの深さを初めて実感した。

その夜私はベッドに入る前にケディの部屋に行き、今日のお礼を言った。

「アメリカに来る前に思ってたこと、思《おも》い込《こ》んでたことがたくさんあった。でも今日のことからたくさんのこと学んだよ。これからもいろいろあるだろうけど、忘れっぽい癖《くせ》だけは努力して直します。サンキュー」

私の言葉にケディは笑顔で頷《うなず》き、こう言った。

「これでわかったでしょ。神様はちゃあんとお見通しなのよ。おおジーザス……

（涙《なみだ》）。これからは毎日曜、教会でジーザスのためにピアノを弾《ひ》きなさい。六時半からね。ちょうど伴奏者《ばんそうしゃ》が欲しかったのよ」

嫌《いや》とは言えなかった。

私はそれから毎日曜、朝五時起きで六時半からピアノの伴奏《ばんそう》をするハメになった。

結局、朝が弱い私がたび重なる大寝坊《おおねぼう》の末に自ら辞退を申し出たのは言うまでもない。

愛《いと》しのセリカは金食い虫

というわけで、あの素晴らしいルイスによって失《な》くしたカバンは無事に私の元に戻《もど》ってきた。母の手紙の中のさりげない一言、

〝ニワトリちゃんをなんとかしないと、今に殺されちゃいますよ〟

は、痛烈《つうれつ》に心に突《つ》き刺《さ》さった。

事態は振《ふ》り出《だ》しに戻《もど》り、私は再び車探しのためにさんざん歩き回った。ただし今回は手ブラでね。

それまで私は自分が車を持つようになるなんて夢にも思っていなかった。小学校時代から学校が遠く、通学時間一時間などザラだった私は電車通学十二年という経歴の持ち主である。

母は極度のメカオンチで運転に縁《えん》がないし、たまに遊びに来る父も免許証《めんきょしょう》の書《か》き換《か》えを忘れたとかで、かれこれ十年以上も車の運転とは御無沙汰《ごぶさた》。そんなわけで、歩くよりタクシーが好きな父を除いては、わが家のメンバーはもっぱら電車派なのだ。

それに東京で車を持つのは、とても骨が折れる。うんざりするほどの渋滞《じゅうたい》に、べらぼうに高い駐車《ちゅうしゃ》料金。保険に車検がこれまた高い。それに比べて電車は待たなくてもいいし、二～三分ごとにスイスイッとやってくる。時間にも忠実だ。

そんなわけで私は、初めアメリカでも車なしで生活するつもりでいた。バスから毎日モントレーの美しい海を眺《なが》めながら通学だなんて、究極の贅沢《ぜいたく》ではないか！　私は雑誌「ｎｏｎ－ｎｏ（ノンノ）」のモントレー特集の中のまっ白い海岸の写真を眺《なが》め、あれこれ想像を巡《めぐ》らせていた。

ところが、現実は鬼《おに》のように厳しかった。

確かにバスは出ていることは出ているが、一時間に一本というスケジュールのため、一本逃《のが》すと確実に遅刻《ちこく》する。

まだ慣れない初めの頃《ころ》、とにかく授業についていくことと先生にいい印象を与《あた》えることに心を砕《くだ》いていた私は、皆《みな》の前で遅刻《ちこく》して教室に入りその後先生に言いわけするのがとても恐怖《きょうふ》だった。

アメリカへ来たばかりの私にとって、たび重なる遅刻《ちこく》の理由などあっという間にネタ切れになる。まさか毎回「バスに乗《の》り遅《おく》れた」なんて言えるわけがない。

私は学校の駐車場《ちゅうしゃじょう》にズラッと並んだ車を思い出した。駐車《ちゅうしゃ》スペースが空くのを待ってグルグル駐車場《ちゅうしゃじょう》のまわりを回る車を見て、東京のようだと不思議に思ったものだ。

だが日本の車が平均して綺麗《きれい》なのに対し、こちらはピンからキリまでさまざまだ。幌《ほろ》のついた新型ベンツの横にペンキの剝《は》げたボロボロのサンダーバードが停めてあったりする。

モントレーは、カリフォルニアでも特に贅沢《ぜいたく》なリゾートだ。巨大《きょだい》なリムジンがしょっちゅう走っているし、ＢＭＷにベンツ、ポルシェは当たり前。パイプをくゆらせたオジ様が、ロールスロイスのオープンカーでハイウェイを飛ばす。

けれど、そういった高級車に乗っているのは大概《たいがい》高齢者だ。若者は皆《みな》、汚《きたな》い車を自分流にカッコ良くアレンジし修理しながら大事に使う。

この国では、高級レストランで平気で食事をする若いカップルや、自分では買えないような高い車を乗り回す若者たちに大人たちは眉《まゆ》をひそめる。

ここではそういう贅沢《ぜいたく》は、本当に自分でお金を稼《かせ》げる一人前の人間に与《あた》えられる特権なのだ。だから若者たちは安い車でもちゃんとエンジョイする方法を知っている。

中古のスポーツカーで海辺を飛ばしカワイコちゃんと愛を語りながら、彼等《かれら》はいつの日か自分でピカピカのポルシェを転がすことを夢見るのだ。

とにかく動いて、足として機能すれば良い。それほど車は日常の中の必需品《ひつじゅひん》になっている。

〝安くたって古くたって構わない。エンジンとタイヤさえあればパーフェクトさ、おっとハンドルは忘れちゃ困るよ〟のノリ。

そして、いよいよ私にも嫌《いや》でも車を持たねばと決意させる事件が起こった。

あれは演劇のクラスで、先日行なった三分芝居《しばい》のビデオを見ながら先生の批評を聞くという、絶対に遅刻《ちこく》はできない大切な日だった。

アメリカのバスドライバーは、素晴らしくカジュアルで乗客にフレンドリーだ。そしてオシャベリが大好き！　終点の停留所で同僚《どうりょう》と話《はな》し込《こ》み、出発が遅《おく》れるなんてしよっちゅうある。

そしてその日も例外ではなく、運転中にドライバーが耳の遠い老人と大声で話《はな》し込《こ》み、私がベルを鳴らして叫《さけ》んだのに気づかずに学校を通り過ぎてしまった。大声で文句を言う私に、運転手は「ソーリー！」と爽《さわ》やかに言うだけで、口笛を吹《ふ》きながら学校から歩いて三十分かかる次の停留所へとバスを走らせた。

着いたところはショッピングセンター。学校に戻《もど》るバスが来るのは一時間後。しかも演劇のビデオは皆《みな》で見るため、遅刻《ちこく》しても巻《ま》き戻《もど》すわけにいかない。

さすがの私も堪忍袋《かんにんぶくろ》の緒《お》が切れた。こんなことじゃ、いつか恐《おそ》ろしいことになる。

来学期にはスケジュールの都合上夜の授業も取らなければならず、バスを使うことになる。ホストファミリーの家の近くを通るバスの最終は六時。運が良ければクラスメイトに送ってもらえるかもしれないが、それもあまり当てにはできない。

タクシー？　それも怖《こわ》い。少し離《はな》れた町サンノゼでは徒歩通学の日本人の女の子が夕方タクシーに乗り、運転手にレイプされたあげくにナイフでめった刺《ざ》しにされて林の中に投《な》げ込《こ》まれたという事件がニュースになっていた。

こうなったら仕方ない。ダメもとで、うんと安いのでいいから車を一台買ってもらえないか親に頼《たの》んでみよう。エンジンとタイヤさえついていれば、ボロボロのポンコツだってOK、殺される前に身を守らねば！

かくして、メカに極度に弱く、若者は丈夫《じょうぶ》なんだから歩きなさいという母をやっと説得し、中古車という条件で車を持つことを了解《りょうかい》してもらった。

「学生は貧乏《びんぼう》なのが当たり前、みんなドアが取れた車でも平気で乗ってるわよね」

母の現実離《ばな》れした意見は無視し、父に直接話すことに成功した。

しかし、十二年間電車派だった私は、車のことなんてサッパリわからない車オンチだ。

車に詳《くわ》しい友人のウンチクに必死で耳を傾《かたむ》けながらも、内心では見た目が良ければ何でもいいやという、それこそ車好きの方々に言ったら袋叩《ふくろだた》きにされそうなことを考えていた。

ところが、「お客様は神様です、まあコーヒーでも飲みながらちょいと私共の説明

ーラーのディーラーと違《ちが》い、最初に行ったシーサイドのディーラーでは、見上げるような巨体《きょたい》の男がヌッと出てきて、

「ヘイ、お嬢《じょう》さん、調子はどうだい？　車の種類は何がお望み？　ちょうどいいのが入ったとこさ、一緒《いっしょ》にそこまで転がすかい？」

と早口でまくし立てる。

何が何だかわからないうちに、あっという間に彼《かれ》は助手席、私は運転手。一息ついてよくよく見れば、シートの上にはコーヒーの染《し》み、フロントガラスにはセロテープ、走り出せば走り出したでエンジンからは得体《えたい》の知れないコミカルな音。私は一目散にユーターンして、車のキイをお返しした。

そんなこんなで三週間。中古車探しに疲れた私が、どこへも行かずに家でゴロゴロしていると電話が鳴った。受話器を取ると日本人の声。

「そちらで車を探しているという張り紙を見て……」

二十分後に彼《かれ》は来た。白のセリカ。今思えば熱で頭が働かず、しかも車探しにうんざりしていた私は、ともかくもう今まで見た中で一番キレイなその車をすっかり気に

入ってしまった。

三十分後には、取り引き成立。一九八三年製セリカ。色、ウルトラホワイト。カリフォルニアの空の下、その白さは眩《まぶ》しいほどに映《は》えていた。

ふと見ると走行距離《きょり》のメーター表示は十三万マイルを指していた。この車は今までに二十万八千キロ走っていることになる。そういえば、ヤケに安かった。

ふと嫌《いや》な予感。でもまあイイヤ！　と大雑把《おおざっぱ》な私は頭から不安をかき消した。

車を買ったことをきっかけに、前々から考えていた、日本語渦巻《うずま》くシスターケディの家を出る決心をした。隣町《となりまち》にある一軒《いっけん》屋を二人の外国人と共同で借りるという話があったのだ。

ケディやメムシーは初め残念がっていたが、私の決意が固いのを知ると教会メンバーでパーティを開き、賛美歌十二曲とともに送り出してくれた。「ガッドブレスユー♪」。

そして私と白のセリカの生活が始まった。

初めの三～四カ月は順調だった。とにかく初めて自分の車を持ち、それを自分で運転するというよろこび！　私は用もないのにスーパーへ車で行って余計なものをあれこれ買《か》い込《こ》み、新しいハウスメイトたちは肉や野菜で溢《あふ》れ返《かえ》った冷蔵庫にブーブー文句を言っていた。

何だかおかしいと思い始めたのは、初めのハウスメイトが出ていき、新しい二人が入ってすぐのことだ。エンジンのかかりが妙《みょう》に悪い。不安に思ってすぐさまメカニックへ持っていくと満員だった。

皆《みな》中古車ばかりなのだが、何しろその顔ぶれがすごい。六九年製カマロ、七四年製コルト、その後ろではマフラー（排気音を低減する装置）の取れた五十年前のベンツが煙《けむり》を噴《ふ》いている。私は思わず自分の車と見比べ、ほんの少しホッとした。

しばらくするとオイルだらけの作業着を着た修理屋の兄ちゃんがやってきた。

「だんだんエンジンがかからなくなって怖《こわ》くてすぐここに持ってきたんですけど、まさかもうダメなんてことは……。お願いします、お兄さん助けて！」

あたかも命に関わる一大事、とでも言いたげな私の様子を、修理屋の兄ちゃんは変な顔で眺《なが》めていたが、そのうちヤレヤレというふうに首を振《ふ》ると、ポケットから七つ道具を取り出してスルリと車の下にもぐり込《こ》んでしまった。

ものの五分もたたないうちに、彼《かれ》は何事もなかったかのような顔で出てくると、

「何でもないよ、ウォーターポンプの底に穴が開いたのさ。一日で直るよ。ダメなんてとんでもない！　まだ当分、大丈夫《だいじょうぶ》だよ」

そう言って、私に片目をつぶった。

しかし私を飛び上がらせたのは、翌日、彼《かれ》が持ってきた請求書《せいきゅうしょ》の数字だった。

六三〇ドル（約六万三千円）？

そりゃあ日本にいたって、車の維持費《いじひ》が高いってことくらいは噂《うわさ》に聞いてたけど、アメリカでは材料費より労働賃金のほうがうんと高くつくってことも何かで読んでたけどね。それにしたってひどすぎる！

私のもらっている毎月の仕送りが一〇〇〇ドル（約十万円）。決めたからにはどう転んでもそれ以上は出さないのが私の母の方針だ。大体こないだ自分と車のスナップ写真をバッチリ家族に送りつけたばかりである。その二日後に壊《こわ》れたなんて恥《は》ずかし

くて言えない。言えるわけがない。

とはいうものの、やっぱり痛い。今月の生活費は三七〇ドルということになる。借家の家賃が二八〇ドル。その他もろもろで、五〇ドルくらいかかる。つまり私は今月四〇ドル（約四千円）で暮らさねばならない。さらに悪いことにその日は四日。九月はまだ始まったばかりであった。

「とにかく」と、四〇ドルの現金を前にして私は思った。泣いても笑っても四〇ドルぽっきり。これで一カ月食いつないでいかなければ。

手始めにスーパーマーケットに行った。三週間分の食料を仕入れるのだ。私はまっすぐに、〝TODAY'S SUPERSALE!〟本日大特価の赤い紙がヒラヒラしているコーナーへと向かった。

考えてみれば東京にいた頃《ころ》、スーパーマーケットでこんなに考えながら買い物をしたことがあっただろうか。三週間分もの食料を一度に買ったのもこれが初めてだ。しかも高校生で食費はいつも預かったお金だったため、余分な物をたくさんカゴに放《ほう》り込《こ》んだことも多かったっけ。

ふと手の中に握《にぎ》りしめた二〇ドル札二枚に目をやった。自国から遠く離《はな》れたこの国で、今はその二枚の紙切れだけが頼《たよ》りだ。

〝なるべく効率よく買わなければ〟

私は大安売りの赤い紙を目を皿のようにして読み始めた。

カリフォルニアは何といっても野菜が安い！　レタス一個が五九セント（約六十円）、ニンジン三本五〇セント（五十円）、アスパラガスなどは一束二ドル（二百円）という出血大サービスだ。ベジタリアンなら食費は東京の三分の一で済むだろう。野菜をカゴに両手一杯《いっぱい》放《ほう》り込《こ》むと、続いてお肉のコーナーへ。ずらりと並んだ牛の舌、豚《ぶた》の頭にニワトリの脚。

ところが、大好きな鶏肉《とりにく》を手に取ると値段は六ドル五〇セント（六百五十円）と書いてあった。

四〇ドルのうちの六ドル五〇セントは高い！　しかも「皮ナシの骨ナシ！」などと派手に書いてあるわりに、それほど量は入っていない。労働賃金（皮取り作業など）が高くつくのがアメリカだ。

ふと横を見るとエプロンをつけたチョビヒゲの店員が、お肉の品出しをしていた。

思い切ってたずねてみるか。

「エクスキューズミー、一番安い鶏肉《とりにく》はどれですか？」

私がたずねると、彼《かれ》は作業を止めてニッコリ微笑《ほほえ》んだ。

「あんたジャパニーズかい？　オレもチキン大好きさ」

「実はあんまり持ち合わせがないんで、安いのを探してるんです」

「へえっ、ジャパニーズの学生は金持ちだと思ってたがな」

「車を修理したらお財布《さいふ》がカラになったの」

「中古車かい？　オレのトラックもしょっちゅうオーバーヒートよ。七八年製のトヨタだけどね、こないだなんてさあ……」

チョビヒゲのトラックの解説はどうでもいいのだ。何とか話をチキンに戻《もど》してせっつくと、彼《かれ》はしぶしぶこう言った。

「まあ一番安いのなら一ドル五〇セント（百五十円）からあるぜ」

バンザイ！　私は手を叩《たた》いた。このチョビヒゲは案外いいぞ！

「どこ？　それ、その一ドル五〇セントの是非《ぜひ》いただきます！」

「よし来た、ほら、こいつは今朝入ったばかりだぜ」

そう言って手渡《てわた》されたパックの中身を見た瞬間《しゅんかん》、私の微笑《びしょう》は唇《くちびる》の上で凍《こお》りついた。なんと中身はニワトリの脚だった。

しゅ～っという音とともに体中の力が抜《ぬ》けていった。

私はカゴを持ち直して「サンキュー」と言ってその場を離《はな》れた。ローストしてしゃぶると最高なんだぜ～っ、というチョビヒゲの声が後ろから追いかけてきたが無視した。

仕方ない、最後の手段はこれか……。

私は嫌々《いやいや》ながら特価三ドル（三百円）の丸ごと一羽パックを手に取った。首なしのニワトリを家に帰ってバラバラに切り分けなければと思うと、何ともゲッソリした。東京での生活からは、まったく想像もつかないことであった。レジに持っていくと、合計額は三八ドル六〇セント（三千八百六十円）。

私はルイスの家にあったクーポンの山を思い出した。広告の片すみについているそれを、ハサミを使って一つひとつ根気よく切《き》り抜《ぬ》いていく。重要だ。これからは少なくとも鶏肉《とりにく》のだけは取っておかなければ。

私の頭に最近仲良くなった二人のハウスメイトが浮《う》かんだ。

あの二人なら、このピンチをどう切《き》り抜《ぬ》けるだろう？

水族館で働いている二十六歳《さい》のアメリカ人シーラと、私とは別の大学に通っている二十三歳の台湾人《たいわんじん》のジーンだ。

二人ともサッパリとした明るい性格で、私たち三人はすぐ仲よくなった。

私は家に帰ると早速《さっそく》リビングでテレビを見ていたシーラに自分の身に起こったことを話した。

シーラはキョトンとした顔をして私の話を聞いていたが、サッパリわからないという顔をしていた。

私ははっとした。彼女《かのじょ》は大きなチーズのかたまりを手に持った果物ナイフで切って食べている。

「それ、おやつ？」

私は恐《おそ》る恐《おそ》る聞いた。

「ううん。夕食」

「……夕食？」

「私、料理できないからボーイフレンドがご馳走《ちそう》してくれる日以外はいつもこれ。ミカも食べる？」

そうだった。シーラは料理がからきしダメなのだ。そういえばシーラがキッチンに立っている姿を私は一度も見たことがなかった。

夕方、キッチンで包丁片手にニワトリ一羽と格闘《かくとう》する私のところへ学校から帰ってきたジーンがやってきた。

「ハーイ、ミカ。ワッツアップ（元気）？」

「車が壊《こわ》れて、今月の食費がピンチだよ〜」と私。

するとジーンは大口を開けてガハハと笑い、

「そんなの簡単だよ。今夜十一時に私の部屋においで。ズボンはいてね」

そう言って私の肩《かた》を叩《たた》いた。

「何かいい案でもあるの？」

「それは夜までの秘密！」

ジーンが何を考えているのか、私にはサッパリ見当もつかなかった。

かくして夜は更《ふ》け、十一時ピッタリに私はジーンズをはいて隣《となり》のジーンの部屋をノックした。

ドアを開けたジーンも同じようにジーンズをはいている。

「一体何するの？」という私に、ジーンは口に人差し指を当て静かにという仕種《しぐさ》をすると、「裏口から外へ出よう」と言った。

空には月がポッカリと浮《う》かんでいた。

「うん。この明るさ。絶好のチャンスだわ！」

「ねえジーン、一体、何を始めるの？」

「通りの二つ向こうに前から目をつけてた家があるんだ」

どろぼう？　私は飛び上がった。

「え〜っ、ジーン、ダメだよ、それは！」

いくら何でもそれは犯罪。見つかったら強制送還《そうかん》だ。しかも理由が食べ物のためだなんてことが知れたら、あまりにもはずかしいではないか。

そうこうしているうちに、その家の前に着いた。

ペンキの剝《は》げた屋根に草ぼうぼうの庭。裕福《ゆうふく》な家には見えなかった。

「ねえジーン、こういう家にどろぼうに入っちゃあんまりだよ」

「世の中はギブアンドテイクだよ、ミカ」

そういってジーンは、ヒョイと柵《さく》を飛《と》び越《こ》えて勝手にその家の庭に入ってしまった。

えーい、もうヤケだ！

私も続いて柵《さく》を飛《と》び越《こ》え、ジーンの姿をさがして庭の奥《おく》へと進んだ。

ところが、ジーンの姿はどこにも見えない。

それは何というか実に凄《すさ》まじい庭だった。持ち主は果たしてハサミを入れるという言葉を知らないのか、あるいはジャングル愛好家なのか、私の背ほどもある雑草がふんだんに生《お》い茂《しげ》り行く手を邪魔《じゃま》してくる。

私は両手で雑草をかき分けながら叫《さけ》んだ。

「ジーン、どこ？　ジーンってば！」

返事はない。

まったく！　と私は思った。ロスやニューヨークのような大都市ではぐれるならまだしも、何だって近所の家の庭ではぐれなきゃならないわけ？

「ジーン！　ねえ、出てきてよ〜っ！」

「ミカ、ここだよ」

そのとき、私の頭の上からささやき声がした。

見上げると巨大《きょだい》な木が生えていて、上のほうの枝に座っているジーンが見えた。鈴《すず》生《な》りのリンゴが月に照らされ、つやつやと青く光っている。

リンゴの木……。私は言葉を忘れて立ちすくんだ。

それは、本当に完璧《かんぺき》なリンゴの木だった。太い幹《みき》はガッシリとし、葉はたっぷりと枝を覆《おお》っており、その間にリンゴがまんべんなくちりばめられている。

東京ではまず見ることのできないこの光景は、私の胸を躍《おど》らせた。

「ね、すごいでしょう！　ミカに一度見せたかったんだよね、これ！」

ジーンはまるで、自分がその木を生やしたとでも言わんばかりに勝《か》ち誇《ほこ》り、リンゴを一つもいで私に投げてきた。

「目をつけてたって、これのことだったの？」

「うん。私リンゴ大好物なんだ。でも取らせてくださいって言う勇気がなくて」

手の中にスッポリと収まってしまうほどのそれは、スーパーで売っているリンゴより随分《ずいぶん》小さかったが、一口かじるとじわりと甘《あま》くジューシィだった。

私たちははしゃぎながら木に登り、次から次へとリンゴをもいだ。

楽しかった。何だかとても。夜がずうっと終わらなければいいのに、と心の中で祈《いの》るように繰《く》り返《かえ》した。私とジーンの初めての秘密だ。私たち二人のほかにこの素敵な出来事を知るものは誰《だれ》もいない。葉と葉の間から時折チラチラ見《み》え隠《かく》れしていたあの半月を除いては。

二人だけの秘密にしようね、と約束し合い、私たちはそれぞれの部屋に戻《もど》った。

そして夢のような夜は終わり朝が来て、私たちはリンゴを数えた。

全部で九十二個あった。

初めは良かった。何も考えずに朝昼晩とシャリシャリかじっていれば良かった。

しかし、一週間もたつと、さすがにもうリンゴの顔を見るのもうんざりしてくる。

キッチンにはまだ五十個近くのリンゴがバケツの中で私たちを待っている。

私たちは思い切って一気に料理してしまうことにした。

私はアップルパイ、ジーンはリンゴのジャムだ。

その結果、アップルパイは砂糖の分量を間違《まちが》えてお皿に嫌《いや》というほどくっつき、ジャムは何とも形容し難《がた》い奇妙《きみょう》な味だったため、手をつける人がいないまま冷蔵庫の隅《すみ》でその一生を終えた。

それでも空腹時のリンゴは偉大《いだい》である。ビタミンと満腹感にかけてはピカ一の果物だ。私は思わず、昔祖母がよく歌っていた「リンゴ可愛いや　可愛いやリンゴ〜♪」を歌ってしまった。ジーンにも教え、そのうち二人の十八番《おはこ》となった。

さて、また振《ふ》り出《だ》しに戻《もど》ってしまった。

食料は日増しに乏《とぼ》しくなる。

そして次に私を救ったのは、これまた東京での生活からは想像もつかぬ珍騒動《ちんそうどう》であった。

食料求めて釣《つ》りバカ日誌

いよいよ食料も底を尽《つ》き、困り果てた私は、何となく車でドライブに出かけた。モントレーは本当に美しい町だ。海はどこまでも透《す》き通《とお》り、白く光る空と鳥たちを映している。

リスもどきのような生き物（名前はわからない）が岩の間を駆《か》け回《まわ》り、その向こうの大きな岩の上では、アザラシたちがドベッと怠惰《たいだ》に寝《ね》そべっている。彼等《かれら》を見ていると、夢も人生も何だかどうでも良くなってくる。

私は何かに行《い》き詰《づ》まると、いつもここへ来て岩に寝《ね》そべり、目を閉じてひとときアザラシになるのがくせだった。

美しい海とのんびりした動物たち、それを過ぎると今度はフィッシャーマンズ・ワーフが見えてくる。たくさんの釣《つ》り人《びと》たちがのんびりと一日中釣《つ》り糸《いと》を垂らす場所だ。

私は車を降りると釣《つ》り人《びと》たちに近づいた。

「どうですか、調子は?」

私は一番端《はし》にいた白人の男性に声をかけた。

彼《かれ》のバケツをのぞくと、小さな小さなサカナが一匹《いっぴき》。

「これエサですか?」

すると彼《かれ》はいきなり竿《さお》をつかみ、プリプリ怒《おこ》って向こうのほうへ行ってしまった。

ワーフはさまざまな種類の人々で賑《にぎ》わっていた。のんびりと本を片手に糸を垂らす老人がいるかと思えば、五分と我慢《がまん》ができずにすぐ竿《さお》を引っ張り、逃《に》げたサカナを大声で罵《ののし》る韓国人《かんこくじん》の青年。

楽しそうだなあ。でも皆《みな》ヘタだなあ。その瞬間《しゅんかん》、私の頭にある光景が浮《う》かんだ。大勢の人の前で私がいとも簡単に巨大《きょだい》なサカナを釣《つ》り上《あ》げ、皆《みな》の喝采《かっさい》を浴びる。そこでもし大物が釣《つ》れたら、しばらくは食料に困らないではないか!

よっしゃ、これでいきましょう! 私は家へ帰るとガレージの扉《とびら》を開けた。

アメリカのガレージは魔法《まほう》の箱だ。何が出てくるかわからない。タイヤのパンクした自転車に、古ぼけたテディベア。屋根の取れかけたバービーハウスに、古い宝石箱。皆《みな》、前の住人たちが置いていったものだ。それらの物たちはホコリをかぶりながら、再び手に取ってもらうことを夢見て、ガレージの中で静かに眠《ねむ》っている。

それから二十分後、私は古毛布の下敷《したじ》きになった釣《つ》り竿《ざお》を見つけた。

夜中じゅう竿《さお》を磨《みが》き上《あ》げる私のまわりを、シーラの愛猫《あいびょう》キャッソルがフンフン嗅《か》ぎ回《まわ》っていた。

「しっかり頼《たの》むよ、相棒」

私は竿《さお》をベッドの脇《わき》に立《た》て掛《か》けると、明日の勝利を夢見ながら眠《ねむ》りについた。

翌日の日曜日。空は気持ち良く晴れており、ワーフは人で一杯《いっぱい》だった。

私はまっすぐに昨日の白人男性のところへ行った。

「ハロー。昨日はごめんなさい。今日はフィッシングのことを聞きに来たんです」

彼《かれ》は怪訝《けげん》な顔をしたが、私の持っている竿《さお》を見ると「あんた、釣《つ》りは初めてかい？」と聞いてきた。

「はい。生まれて初めてです」

「そんな安っぽい竿《さお》じゃメダカも釣《つ》れんよ。それにお嬢《じょう》さんには少々無理だろう」

私は少しガッカリしたが、気を取り直してこう言った。

「私、お金がないから竿《さお》が買えないの。今夜の夕飯を釣《つ》りに来たんです。お願い、釣《つ》りを教えてください」

すると彼《かれ》は急に優しい表情になり言った。

「OK。横に座んなよ」

彼《かれ》はマイケルという名だった。釣《つ》りが大好きで、週に三回はここへ来ているという。

「じゃあ、きっといつも大漁ね！」と言うと、ろこつに嫌《いや》な顔をされた。

私は彼《かれ》にエサのつけ方から竿《さお》の引き方までみっちりと教《おし》え込《こ》まれ、「レッツトライ！」のかけ声《ごえ》とともに、竿《さお》を海へと振《ふ》り込《こ》んだ。

一時間、二時間……。アクビを嚙《か》み殺《ころ》し始めた頃《ころ》、ピクンと糸が動いた。

「そうだ、思い切り引くんだ、ミカ！」

彼《かれ》の声に合わせ、私は背中を思い切りエビ反《ぞ》りにして竿《さお》を引いた。

かかっていたのは親子ガニだ。

「うわあ～っ、スゴイよマイケル！　カニだよ、カニ！」

叫《さけ》ぶ私に、マイケルは冷たく言った。

「それは海に放《はな》せよ」

「どうして⁉」

「キミは夕飯が欲しいんだろ？　だったら、そりゃあダメだ。そいつはクモガニといってポイズン（毒）持ちだぜ」

私は足元をモゾモゾ這《は》い回《まわ》るカニの親子をもう一度よく眺《なが》めた。

するとなるほど、見れば見るほどグロテスクな姿だ。足には無数のトゲが並び、背中の甲羅《こうら》はてらてらした緑色であ

る。

ダメだこりゃ。私はカニの背をバケツで押《お》して海に落とした。

そして待つこと二時間。

「トイレットに行ってくるよ」

マイケルはそう言って立ち上がると、私を置いて行ってしまった。

ふと竿《さお》を見ると糸が動いている。竿《さお》をつかむと今までとは全然違《ちが》う強い感触《かんしょく》だ。

サカナだ！

マイケルはまだ帰って来ない。見ると遠くで誰《だれ》かと話《はな》し込《こ》んでいる。

呼ぼうとしたが気づいてくれない。その間にも糸はものスゴイ勢いで私を波間へ引《ひ》き込《こ》もうとする。

え〜い神様！　私はあらん限りの力を振《ふ》り絞《しぼ》って竿《さお》を引き、後ろに倒《たお》れこんだ。

糸の先では、私の足の半分くらいの大きさの銀色のサカナがピチピチと跳《は》ねていた。

ついに釣《つ》った……。

人がたくさん集まってきて、私の、まわりを取り囲んでいる。

「ワーオ！　お姉ちゃん、やったじゃん！」

地元っ子らしい少年たちが来て、サカナを針から取るのを手伝ってくれた。

私は少年たちとマイケルにお礼を言うと、生臭《なまぐさ》い獲物《えもの》を車に乗せて家に向かった。

問題はその後だった。

キッチンの明りの下で改めて見るサカナの顔は、お世辞にも可愛いとは言えなかった。東京のスーパーでは見たこともないような、怒《おこ》ったようなコワイ顔だ。

これを今からおろさなきゃいけない。そしてその後は食べなきゃいけない。

さっきの喜びはどこへやら、私の心はブルーだった。

それからかっきり一時間半、私は雑誌の「オレンジページ」を片手にどうにかこうにか怒《おこ》った顔のサカナをおろし、ガーリックをからめてソテーにした。

ホカホカご飯と怒《おこ》ったサカナのガーリック風味ホウレンソウ添《ぞ》え！

しかしながら私はヒヨワな東京育ち。見たこともない魚を食べるには、さすがに少々勇気がいる。

これが原因で十カ月後にウロコ状の斑点《はんてん》でも出てきたらどうしよう。ホラー映画の観すぎでついた想像力は、なかなか引《ひ》っ込《こ》んではくれない。

う～む。腕組《うでぐ》みをして何気なく足下を見ると……。

なんと！　飛んで火にいる夏の虫とはまさにこのこと。ルームメイトのシーラの愛《あい》猫《びょう》キャッソルが、間抜《まぬ》け面《づら》でキッチンに入ってきたところだった。

私は一寸も迷わずに小皿に少しサカナを取ると、キャッソルの前に置いた。

果たして、キャッソルはすごい勢いで私の「怒《おこ》ったサカナのガーリック風味ホウレンソウ添《ぞ》え」を食べだした。

それは人間の私から見ても、誠《まこと》においしそうな食べっぷりだったので、私はついに堪《た》え切《き》れなくなり、自分のお皿のサカナを一口食べた。それは何とも奇妙《きみょう》な味だった。しかし空腹には勝てず、私は「怒《おこ》ったサカナ」を全部平《たい》らげた。

あれから一年、私の肌《はだ》は今のところ、まだツルツルである。

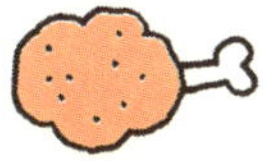

人気爆発《ばくはつ》！　Ｍ＆Ｍホカホカ弁当

買って間もない車が壊《こわ》れ、突然《とつぜん》転がり落ちた恐怖《きょうふ》の金欠。人様の家の果実をくすね、釣《つ》ったサカナを食べて飢《う》えを凌《しの》ぎ、世の中捨てたものじゃない、こんなふうに生《い》き抜《ぬ》いていけるんだと喜び勇んだ私の黄金時代は、思ったより早く終わりを告げた。

日は流れ、季節は巡《めぐ》り、モントレーにも冬の気配がやってくる。

鈴生《すずな》りだったリンゴも次々と地面に落ち、やがてすっかりなくなった。元来素人《しろうと》のひとつ覚え、テクニックはてんで持ち合わせていなかった私の釣《つ》りバカ日誌も、季節の変わり目、サカナたちの変化に対応できず不調な日が続いた。

そして例の金食い虫セリカはといえば、ヒマさえあればどっかおかしくなるという状態が続き、毎月仕送りをもらっているにもかかわらず、財布《さいふ》はしょっちゅうカラになる。

いかん、こんなことじゃ。私は焦《あせ》った。こんなその日暮らしがいつまで続くのか。車だっていつまた壊《こわ》れるか。何とかしなけりゃ。私は頭を抱《かか》えた。

そんなある日、大学の中庭で日本人の男の子に会った。

彼《かれ》は食堂から出てきたところらしく、手にコーラを持っている。

「やんなっちゃうよ。カフェテリアってどうしてこうまずいんだろ?」

「いつも何食べてるの?」

「ハンバーガーかな。もうあきたよチクショー、金はあるのにマトモな食事ひとつできやしねえ」

「しょうがないよ。ここは日本じゃないいんだもん」

「まあな。あ〜、日本は良かった!」

そうなのだ。アメリカの食堂は種類豊富な日本のそれと違《ちが》い、とても単純なメニューしかない。ハンバーガーにフライドポテト。サンドイッチにコカコーラ。

中には昼食にポップコーンを食べているアメリカ人もいる。懐《ふところ》だけは暖かい日本の留学生、お金はあるのに欲しいものが売られていないのはつらいだろう。何しろ日本じゃお金さえ出せば、お弁当でも定食でも何でも食べられるんだもんね。ここでも当然その感覚が抜《ぬ》けるわけがない。自分で作ればいいものを。

そして今や懐《ふところ》の涼《すず》しいこの私……。

そのときだった。おおジーザス！　何でこんなことに気づかなかったのか。思わず自分の額《ひたい》をペンと引っぱたいた私であった。

お弁当を売ろう！　日本食に飢《う》えている日本人留学生にホカホカ弁当を！

仲間がもう一人いるなあ。私は早速《さっそく》日本人の友人Mにこの話をした。単純で新しモノ好きの彼《かれ》は、二つ返事でこの企画《きかく》に乗ってきた。最初の資金も彼《かれ》が出すことに。持つべきものは友、まことに単純なM様々《さまさま》だ。

こうして生まれたのが「M&Mホカホカ弁当」である。

私たちはまず、スーパーに行って安い材料とプラスチックBOXを買い、手始めに唐揚《からあ》げ弁当を作ってみた。

まっ白なホカホカご飯の横にサラダ菜と唐揚《からあ》げ、つけ合わせはコーンバター。とはいえ学生ビザで来ている私たち留学生に商売はもちろんご法度《はっと》。見つかったら強制送《そう》還《かん》というリスクはまぬがれない。

そんなことになったら元も子もなくなってしまう。

大の日本食好きのシーラはこの話を聞くとすぐさま、自分の勤め先の水族館に毎日同僚《どうりょう》の分も配達してほしいと申し出てきた。

「スゴイ！　一気に広げられるぜ！」

はしゃぐMにつられてついOKしそうになった私。でもちょっと待て……。

アメリカ人たちにも広げれば、もっともっと大規模になるアイデアだったが、それではリスクが大きすぎる。たくさんの人に広がれば、何かの拍子《ひょうし》に弁護士や役人の耳に入ることも充分《じゅうぶん》考えられる。さらに儲《もう》かれば儲《もう》かるほど、その魔力《まりょく》に取りつかれ、末は金の亡者《もうじゃ》になり人相も変わるに違《ちが》いない。

そこで私たちはホカホカ弁当を会員制システムとし、アメリカ人や学校の先生は禁止にした。ターゲットは舌のこえた日本人を筆頭に、アジア人からヨーロッパ人まで。

まだ来て日が浅い私もMも、日本人の知り合いはそんなに多いほうではなかったが、実際、日本人の会員を集めるのはそうムズカシクない。

私は、日本人の間でその懐《ふところ》の豊かさと生活の派手さで有名なH君に相談した。

「とにかく一人でも多く会員を集めたいの。H君の顔ききで何とかならないかなあ。H君ってすっごく友だち多いでしょう？　留学生の間で有名だもんねえ。紹《しょう》介《かい》料として十人集めるごとにH君の分はタダにするから。お願い！」

生きるためのビジネス。言うまでもなく最大の武器は「人脈」だ。

案の定、H君はすっかり気分を良くし、タダでさえ垂れた目をさらに下げると、こう言った。

「知り合いはわんさかいるから問題ないけどさあ。またえらく面白いこと始めたじゃん。なんでまた？」

食べるものにこと欠いてなどとは、恥《は》ずかしくて口が裂《さ》けても言えなかった。

だがともかくH君に頼《たの》んだのはやはり大正解だった。何しろ「赤信号、みんなで渡《わた》れば怖《こわ》くない」の日本人。一人集めりゃ十人がイモづる式に集まってくる。会員が会員を呼び、あっという間に私の手帳は会員リストで埋《う》まった。

こうして、いよいよ私たちの「M&Mホカホカ弁当」が営業を開始した。

一週間の日替わりメニュー。注文は週の始めに聞いて、代金は前金で一つ三ドル。最初のうちは皆《みな》、珍《めずら》しがってとにかく一通りのメニューを食べたがる。毎日、十も二十も押《お》し寄《よ》せる注文に、慣れない私たちは嬉《うれ》しい悲鳴を上げていた。

そんなある日、珍《めずら》しく東京の母からTELがあった。

「元気？　手紙で読んだけどお弁当屋やってるのね。どう？　調子は」

「たくさん会員も集まって毎日忙《いそが》しいよ。でもスッゴク面白いの！」

私は興奮状態で母にペラペラ実況《じっきょう》報告をした。「スゴイじゃない」という母のホメ言葉を待って。すると母はこう言った。

「自分でお金稼《かせ》ぐなんてやるじゃない」

私は飛び上がった。けれど、その後に母は続けてこう言ったのだ。

「でも今はとにかく舞《ま》い上《あ》がってるでしょう。買ってくれるのが嬉《うれ》しくて仕方ない。ちがう？」

図星だった。

「きちんと会計はやってるの？　コストの計算に光熱費やガソリン代を入れるのを忘れないで。お金は気づかないうちに出てるもの。ボンヤリしてると、あっという間に赤字になるわよ」

母は昔から私を子供扱《あつか》いしない。私が小学生の頃《ころ》から今まで、いつも対等の目線で私を見てアドバイスをくれる。そのクールな姿勢は、時として私を怖《お》じ気《け》づかせ、まだもののわからぬ子供だった頃《ころ》は、同級生たちのフツーの母親が羨《うらや》ましく寂《さび》しさを感じたこともあった。

例えば小学校三年生の頃《ころ》に、学校でイジワルな子にいじめられたときのこと。理由のない嫌《いや》がらせに胸の中にひろがる行き場のない苛立《いらだ》ちを抱《かか》えていた。私は母が仕事から戻《もど》るなりわめいた。

「ママ、聞いてよ！　ひどいこと言われたんだから〜っ」

私は状況《じょうきょう》をこと細かに説明し、自分がいかに理不尽《りふじん》な目にあったか、いかに心を傷つけられたかということをおおげさなジェスチャーを交えて伝えた。

「ねっ！　ひどいでしょ？　ねっ！　ねっ！　私は何も悪いことしていないのに」

私は絶対に悪くない。被害者《ひがいしゃ》だもの。ママだって絶対一緒《いっしょ》になって怒《おこ》ってくれるはず！　それなのに、母は黙《だま》って聞いているだけだった。一言も口をはさまず。その口元には微笑《びしょう》すら浮《う》かんでいた。

あれ？　何か違《ちが》う……。母は、私の目をまっすぐに見て静かに言った。

「それで？　あなたはどう思ったの？」

「えっ？　どうって？」

「そういう意地悪をする子についてどう思うの？」

私は混乱した。

「なんでそんなこと聞くの？　そんなの大っ嫌《きら》いに決まってるじゃない！」

「イジワルするのは、その子が持っていない何かを、あなたが持っているからかもしれないわね。イジワルなんてほんとにくだらない。その子のことは忘れなさい、お友だちは他にもいるでしょ？　堂々としてらっしゃい」

「堂々と？」

「そうよ。平気な顔をして、取り合わないことね」

「だってママ！　私、なんにもしていないのにいじめられたんだよ！」

「わかったわ。相手にしないことよ。少なくともあなたがいじめる側じゃなくてよかったわ。ママ嬉《うれ》しいなあ」

こんなはずじゃなかった。私は自分の部屋に入り、カギを掛《か》け、地団駄《じだんだ》を踏《ふ》んだ。

「お母さん」たるもの、子供がいじめられたら、まずいじめに対して一緒《いっしょ》に怒《おこ》り、いじめられた子を優しく慰《なぐさ》める。友だちの話を総合すればそうであるはずだ。なのに……。ママは普通《ふつう》の親じゃないんだろうか。子供がいじめられたときに微笑《びしょう》を浮《う》かべる母親。何で??

私はヒザを抱《かか》えて悔《くや》し涙《なみだ》の夜を過ごした。

それからも、母はいつもその調子だった。くだらない噂《うわさ》話や悪口は一切《いっさい》取り合わない。同情なんてもちろんしない。けれど、ものごとの良い面について気づいたことを話すと、何時間でも聞いてくれた。十五歳《さい》を過ぎた頃《ころ》からは、友だち関係に行《い》き詰《づ》まると、私は母に相談するようになった。母は、いつも公平でポジティブな意見をのべ、アドバイスをくれる。

「それはその子が正しいわ。あなたは怒《おこ》ったりしないで素直にならなくちゃ」

「その子は甘《あま》ったれているだけよ。今のままでいけば、いずれあなたが嫌《いや》な思いをすることになるわね」

「そんなくだらないことで振《ふ》り回《まわ》されるのは時間の無駄《むだ》よ。時間は一番の財産なのを忘れないで」

そう。どうでも良いことでいつまでも心を煩《わずら》わせるのは確かに時間の無駄《むだ》だ。知らず知らずのうちに私もすっかり楽天思考になっていた。本当に大切なものとそうでないものを見分けること。真実だけをすくいとり、それ以外は意識に入れないこと。二十年かけて母から教えられた人生の真理。

子供だからということを言いわけにせず、常に対等に私を見つめる母の視線。

まだ子供だった頃《ころ》は、愚痴《ぐち》を聞いてもらえない不満を、飼っていたネコに無理やり聞かせ欲求不満解消に努めたものだ。

けれど、今になってみれば、そんな母の態度が私のなかに大きな安心感を呼ぶ。弟子が師匠《ししょう》を慕《した》うように、限りない敬愛の念を覚える。

そして今度も。母の言うとおり、自分たちのお弁当をお金を払《はら》って人様が食べてくれる。その事実だけで私は舞《ま》い上《あ》がってコストの計算などそっちのけだったのだ。

母の電話は、私の背筋をピンと伸《の》ばした。

次の日からMと私は、毎日きちんと細かい精算をノートにつけ始めた。

それからの「M&Mホカホカ弁当」は大忙《おおいそが》し！

トンカツ弁当に唐揚《からあ》げ弁当、焼き肉弁当に、ショウガ焼き、そしてヤキソバ。

ハンバーガーにうんざりしていた金持ちの日本人留学生。待ってましたと気前良く財布《さいふ》の口を開ける。

日本にいれば食事を作るのは母親の仕事。弁当は食堂のオバチャンか、はたまた優しい彼女《かのじょ》が作ってくれる。そんなふうにマトモに自炊《じすい》する機会を持たないまま、ここまできてしまった生活赤ちゃんのお得意さんはたくさんいた。


そんなこんなで三週間。会員の顔ぶれもだいぶ安定してきた頃《ころ》、いつものように中庭で客を待っていると、色の浅黒い大きな男の子がやって来た。

「ハーイ！　ボクの名はバンバン。ランチボックス売っているんだって？」

そのあまりのマンガチックな名前に思わず吹《ふ》き出《だ》しそうになるのをこらえながら、私は、ようやくイエスと答えた。

「良かった！　ねえ、ボクにもひとつ売ってくれる？」

そう言って彼《かれ》はまっ白い歯を見せた。

うわあ〜、感激！　日本人以外の会員第一号の誕生だ。

Ｍ＆Ｍ印のホカ弁は、インドネシア出身のバンバンの口にもなかなか好評だったようで、それからというもの日本人だけでなくアジアのほかの国から来た留学生の姿もチラホラ現れ始めた。

それにしても消費者というものは、時がたつにつれ何故《なぜ》にこうもワガママになっていくのだろう？

味つけが濃《こ》いと不平をこぼす日本人の男の子が来たかと思えば、もっと味つけを濃《こ》くしてとインドの男の子。激辛《げきから》を特注で頼《たの》んでくる韓国《かんこく》の女の子に、ダイエット中だからカロリーを減らせと言うジャパニーズガール（フツーそこまで言う？）。

そうかと思えば、毎日ピカピカのＢＭＷでホカ弁を受け取りにくるタイ出身の大金持ちのボンボンが「そらチップだよ、キミたち」と言って、紙幣《しへい》を何枚か余計にくれる始末。「コノヤロー！」と言いそうになる気持ちを必死に抑《おさ》えて、金食い虫のわが愛車セリカのためにムリヤリ目尻《めじり》を下げる私であった。

まあこんなわけで、Ｍ＆Ｍ印のホカ弁はなかなかどうして人気もあがり、何よりもいろいろな国の友だちができた。これが一番の収穫《しゅうかく》だ。

何てったって「胃袋《いぶくろ》から惚《ほ》れ合った」者同士。そんじょそこらの知り合いよりもずっと深い友情が生まれる。

「食べる」という最も基本的な衝動《しょうどう》を利用して、私たちは友だちとお金、その素晴らしき両方を得たのである。

ときたま、注文するだけしておいて取りに来ない日本人もいた。待ちくたびれた私がその子の家にＴＥＬすると、出てきた彼《かれ》はなんと寝《ね》ぼけ声。

「あ～、もしもし」

「もしもしじゃないわよ！　何だってお弁当取りに来ないのよ？」

「ああミカちゃんか。おはようさん」

「おはようって、もう一時だよ！　授業ないわけ？」

「いやあ～。昨日徹夜《てつや》でマージャン大会よ」

「む……！　お弁当は？」

「いやあ～。悪いねえ。今日はキャンセルにしといてよ」

六時起きして作ったショウガ焼き弁当。私の立場は？

〝お客様は神様です〟あまりにも有名なこの決まり文句。一体どこまで通用するのだろうか。お客のワガママは今に始まったことじゃないとはいえ、私は腹が立った。

そのとき隣《となり》にいたMが、私の心を見透《みす》かしたように言った。

「お客さんは大事にしよう」

「そんなこと言ったって……。何よあれ、学校にも来ないで」

「オレ行ってくるよ」

「行ってくるって、どこへ？」

「彼《かれ》の家だよ。出前してくるよ」

「ウソ〜っ、本気？」

「彼《かれ》はお得意さんだよ。チップもくれるし。ガッチリつかんどかなきゃ」

く〜〜〜〜〜っ！　彼《かれ》の言葉にも一理ある。そして何といっても私にはお金がいるという悲しい現実。ウルトラホワイトの金食い虫の姿が瞬間《しゅんかん》頭をよぎった。彼《かれ》が気前のいい客であることも事実。性格だって決して悪くない人だ。ただ、彼《かれ》にとってはドミノピザも私たちの手作り弁当も所詮《しょせん》同じだということだ。

いくら傍若無人《ぼうじゃくぶじん》でも客は客。私は唇《くちびる》の端《はし》を無理やり持ち上げ、笑顔《えがお》を作ると、

「いってらっしゃ〜い。彼《かれ》によろしく！」

と言って、Mを見送った。

逆に異常なくらい同情してくれる客もいる。

弁当を取りに来るたびに、人がいないのを見計らって私に耳打ちするN君。

「ミカちゃん、いつもサンキューね。えらいなあ、ほんま……」

「いやいや、こちらこそ毎度アリガトね」

「で、ほんまのところどうなの？」

「ほんまって？」

「赤字ちゃうの？」

そんなことあらへん、と私が言いかけるのをさえぎってN君は、

「ええよ、無理して言わんと。ビンボー暇《ひま》なし言うもんな。わかるでえ」

そう言って何度も頷《うなず》くと、大きな手で私の背中を嫌《いや》というほど叩《たた》き、

「がんばるんやで！」

いつもそう言って、行ってしまう。後に残された私は痛む背中を押《お》さえつつ心優しいN君に向かってハンカチを振《ふ》るのであった。

このように弁当の味だけでなく、私たちがこうしてやっていることについても、同じ日本人の反応は多種多様。N君のように私をビンボー人と決めつけ懸命《けんめい》に励《はげ》ましてくれる人もいれば、なかには「お嬢様《じょうさま》の娯楽《ごらく》でしょ」などと根拠《こんきょ》のない中傷《ちゅうしょう》をする人もいる。

インドネシアのバンバンとはあれ以来すっかり仲良くなり、たまたま経済のクラスが一緒《いっしょ》だったこともあって、テスト前にはいつも一緒《いっしょ》に勉強するようになった。

日本人は私一人のそのクラス。彼《かれ》は経済に強かった。たどたどしい英語で根気良く順々に教えてくれるバンバンのヘルプは大きかった。また彼《かれ》を通じてインドネシア人の友だちがほかにも三人増え、家に遊びに来るほどの仲になった。

本《もと》を正せばあの金食い虫のセリカ様々《さまさま》。最初のうちは次から次へと壊《こわ》れ、弁当を売っても売っても上がりはすべて修理代という日々が続いたのだが、そのうち安定してきた。修理屋の兄チャンもこれで四度目か五度目の、「もう当分、大丈夫《だいじょうぶ》！」を言ってくれたし！

とにかく作った弁当を学校まで運ぶのに、セリカは大事な足だ。今では私は本当に慎重《しんちょう》にも慎重《しんちょう》を重ねて運転する。大雑把《おおざっぱ》な私の性格からは想像もつかない、この安全運転！　お金の力は偉大《いだい》である。

私は再び、母と電話で話した。

「というわけでね、最近は少しずつお金もたまってきてるの」

「良かったわね。商売って楽じゃないでしょう？　何が一番収穫《しゅうかく》だった？」

「うん、いろんな国の友だちが増えたこと。あと、日本のことも前よりも深く見えてきたしね」

「たとえばどんなことが？」

「やっぱり日本て豊かで楽な国だってこと。私たちみんなすっごく甘《あま》やかされてるんだなって実感した。食べ物なんてその典型。日本にいれば苦労して手に入れる必要ないでしょ？　ありがたみっていうのかなあ。初めて考えたよ……」

「それでいいのよ」

と母は言った。

「留学で学ぶものは決して他国のことだけとは限らない。右へならえの日本社会を飛び出て異国へ出たときに、価値観の違《ちが》いを素直に受け入れることができるかどうか。それまで自分が持っていた価値観をゼロにしてものを見られるかどうか。そのとき初めて日本のこともクリアに見えてくる。大切なことよ。お金儲《かねもう》け一色に取りつかれてしまわずに、そこからたくさんのことを発見できて良かったじゃない」

母は何だか嬉《うれ》しそうだった。私も何だか自分がしてきたことがむくわれたようなそんな気分だった。実を言うと、最近めっきり暑くなってきてトンカツを揚《あ》げるのが恐《きょう》怖《ふ》だったのだ。一日の終わり、やっと床《とこ》に着くと今度は夢の中でトンカツを揚《あ》げ始めるという始末だ。

でも母の言葉でまた喝《かつ》が入った私は、

「明日からまた頑張《がんば》ってトンカツを揚《あ》げよう！」、そう誓《ちか》ったのだった。

しかしながら、母の警告はやはり当たっていた。

セリカの調子が良くなり始め、私たちの手元には徐々《じょじょ》に一ドル札が増えていった。

金の亡者《もうじゃ》。嫌《いや》な言葉だ。けれど実際、お金儲《かねもう》けの味を覚えてしまうと、それまで経験がなかっただけに私たちはすっかり浮《う》き足立《あしだ》ってしまった。

私は代金をすべて前金でもらい、取りに来なかった人の分は通りすがりの学生に売った。そして一ドルでも多く儲《もう》けを上げようとしたのだ。その姿は初々《ういうい》しい女子大生ではなく、まるで商売人のおかみそのものだった。

しかし商売根性のかいあってか、いよいよ上がりが一〇〇〇ドル（十万円）になったときには、さすがの私も嬉《うれ》しさのあまり緊急時《きんきゅうじ》以外には禁止されている国際電話を母にかけてしまった。

「ねえ聞いて聞いて！　一〇〇〇ドルたまったの、一〇〇〇ドル！」

私はかなり興奮していたと思う。

すると母はクールにこう言ったのだ。

「おめでとう。それじゃ夏休みに帰国するときは、そのお金でキップを買って帰ってらっしゃいね」

そう言って「高いから切るわよ」と電話を切られた。

飛行機のキップは八〇〇ドルだ。

ああ、だけど！　そのとき私は恐《おそ》ろしいことに気づいた。

もともと弁当屋はＭと二人で始めたこと。当然、分け前は折半《せっぱん》だ。

五〇〇ドルじゃあロサンゼルスまでしか帰れない。

こういうとき、悪どいおかみだったら何とかＭをだまくらかして持《も》ち逃《に》げとかしちゃうんだろうなあ。あれこれ妄想を巡《めぐ》らせてるところへ電話がリーンと鳴った。

電話の相手は、まさにＭだった。

「さっき借りた君のセリカさあ、エンジン音が変だから修理屋に持ってってといたぜ」

ちょっと待って！　私が言いかける間もなくＭは、

「あっ、そうそう、修理費は七五〇ドルだって、エンジンだから。ありゃりゃヤダね～、中古は。んじゃあ明日また弁当頑張《がんば》ろうな。オレ急いでるから切るよ、さいなら」

そう言ってガチャンと電話を切ってしまった。

私は受話器を持ったまま、しばらくアホのようにぼんやりしていた。

そうだ、私はお金儲《かねもう》けのハウツーを勉強しにアメリカに来たんじゃなかったのだ。

のぼせ上がっていた頭が、わが親愛なるセリカのお陰《かげ》で、一気に冷えた。

まるでセリカが、

「そーらご覧《らん》！　横道にそれないで良かったね」と、肩《かた》を叩《たた》いてくれたようではないか。私はそんなふうに自分を無理やり慰《なぐさ》めた。

あれはただの金食い虫じゃなかったようだ。

七五〇ドル？

そのときの私の頭のなかは、セリカのウルトラホワイトのようにまっ白だった。

ロバ留学は長期観光？

「留学してます」「向こうの大学に行っています」、と言うと必ずといっていいほど、「まあ、じゃあもう英語ペラペラでしょう」とか、「いいなあ！」とかいう反応が返ってくる。

ところが、当の本人にとってそう言われるのはまったく赤面もの、というのが本音だ。

まず第一に、皆《みな》が言う「ペラペラ」とは一体どのくらいのレベルをさして言うのか。ほかの外国人に対して意思の疎通《そつう》がはかれる、ということであれば、半年でも一年でもこの国で生活すればそんなのちっとも困らなくなる。日常の会話などというものは、相性さえ良ければジェスチャーでだって可能である。

私の学校にも、自分はほかの日本人よりずっと英語ができるのに、アメリカ人の友だちがあまりできないと嘆《なげ》いていた日本人留学生がいた。

確かに彼《かれ》はなまりの少ない流暢《りゅうちょう》な英語でしゃべった。ただ、よくしゃべるのはいいが話の内容が非常につまらない。噂話《うわさばなし》と自慢話《じまんばなし》のオンパレード。オージーザス！　ダメだこりゃ。アメリカ人の友だち云々《うんぬん》以前の問題なのであった。

つまり言葉というのはあくまでコミュニケーションの手段であって、少しくらい英語力があるからと安心しているととんでもないことになるのだ。

かくいう私もその昔、高校生だった頃《ころ》を思い出す。友だちと横浜《よこはま》あたりに住むアメリカ人の子たちとよく遊んだ。あまり英語の達者でない友だちによく、

「ミカはいいよねえ〜。英語バッチリだし、彼等《かれら》ともいろいろ話せて。やっぱりあんまりしゃべれないと続かないんだよねえ、これが」

などと羨《うらや》ましがられていたが、今考えると心の底からゾッとする。

あの程度のちゃちな英語で（どう考えてもバッチリなどではなかった！）、アメリカ人の子たちと一体何をしゃべっていたのか、それさえも思い出せない。

みんな結局、故郷に帰っちゃったんだけど、そのうち再会する機会があったら今度はちょっとばかりまともな話をしなきゃと思っている。

日本の英語教育はかなり早くから始められる。中学、高校と六年間みっちり正確な文法を叩《たた》き込《こ》まれる。

ところが肝心《かんじん》の会話がダメ。話し言葉は学校では教えてくれないため、学生たちは完璧《かんぺき》な文法を習っているにもかかわらずちっともしゃべれない。「コミュニケーションのための英語」ではなく、「受験のための英語」なのだ。

ＥＣＣにベルリッツ、イーオンやらシェーンやら。猫《ねこ》も杓子《しゃくし》も英会話の留学ブーム。

その内容も、正規の大学留学からたった二週間のホームステイまでとさまざまだ。留学前、期待と不安で一杯《いっぱい》だった私は、暇《ひま》さえあれば大きい本屋へ足繁《あししげ》く通い、ありとあらゆる留学関係の本を片《かた》っ端《ぱし》から読みまくった。

そうしているうちにわかったことは、つまり留学とは、「日本で試すことのできない自分の可能性への挑戦《ちょうせん》」ということだった。その手の本には必ず体験談が山ほど載《の》っていて、ポジティブなフレーズで締《し》めくくられている。

留学して身についたものは？という質問に対して最も多い答えベスト3、独立心、行動力、そして国際性は、帰国した学生が就職時の面接で〝必ず言う文句〟としても有名だ。

「フレンドリーなアメリカの人々」「自分を試す絶好の場所」etc.

なるほど、こんな文句を目にすれば、誰《だれ》にだって留学は魅力《みりょくてき》的に見える。

私とて例外ではなく、出発の日、成田空港で友だちに「つらいかもしれないけど頑《がん》張《ば》ってね！」と背中を押《お》されて闘志《とうし》が湧《わ》いたものだった。

しかし本当のところはといえば、留学生はみんながみんな苦労して這《は》い上《あ》がり、英語もペラペラの国際人となると思ったら大マチガイである。

留学生といってまず第一に思《おも》い浮《う》かぶのは「講義もテストも先生の言葉もぜ〜んぶ英語」。加えて、「勉強はとてつもなく大変でした。でも石にかじりついて乗《の》り越《こ》え、今は国際人です」という留学情報のなかの体験談の数々。

でもちょっと待って。都会から離《はな》れた学校で英語だけの生活を……なんて思うのは甘《あま》い！　カリフォルニアなどすでに隅《すみ》から隅《すみ》まで日本人留学生だらけになっている。

たまに、「私はアメリカに来てるんだから、自分のために日本人なんかとしゃべらないわ！」とリキむ人々もいるが、これはハッキリ言って損である。

何故《なぜ》なら日本人同士はとにかく情報が早いのだ。

「スペンス先生は外国人に優しい」「デニス先生はスシ好きで日本びいきだそうだから楽だ」「いやいや、あの先生はテストが鬼《おに》だって噂《うわさ》だぜ」

同じ英語で苦労するにも、授業の取り方ひとつで月とスッポン、天国と地獄《じごく》ほど差が出るのだ。

そうするうちにだんだんコツもつかめ、焦《あせ》りがなくなってくる。

ところが、人間というものは、ちょっと余裕《よゆう》が出てくるともっともっと楽したいとふてぶてしくなってくる。

授業の傾向《けいこう》や先生の特徴《とくちょう》などの情報交換《こうかん》をしているうちはまだいい。

月日がたつにつれ新入生の頃《ころ》の初々《ういうい》しさは消え去り、代わりに終わりのないものぐさライフへの欲望がムクムクと頭をもたげてくる。

「ものぐさ太郎《たろう》」の誕生だ。

たとえば英語での授業。すべての留学生がぶち当たる最初の壁《かべ》だ。

「ものぐさ太郎《たろう》」はこう考える。

〝なあに、どうせチンプンカンプンな授業だ。テスト前に真面目《まじめ》そうな日本人を一人つかまえて、テストに出そうなところを教えてもらうとするか〟

そしてテスト前の週末、太郎《たろう》はクラスでもとびきりの「マジメ君」を家に呼び、お得意の話術で「マジメ君」の自尊心を上手に刺激《しげき》しつつ、三カ月ほどかかって彼《かれ》が積み上げた知識をストローででも吸うかのようにいとも簡単に丸暗記する。

しかし所詮《しょせん》、一夜漬《いちやづ》けの悲しさよ。ひっかけ問題、小論文形式にはめっぽう弱い。

〝いかん！　こんなことじゃ〟太郎《たろう》は再び頭をひねる。

〝同じ暗記をするにしても、どうにかもっと効率良くできないものか。ああいっそのこと問題が初めからわかっていればなあ！〟

そのとき、あるアイデアが太郎《たろう》の頭に浮かぶ。

〝テスト、……それだ！〟

太郎《たろう》は早速《さっそく》、電話帳をめくる。電話はもちろんＶＩＳＡカードで購入《こうにゅう》した最新式のものだ。

太郎《たろう》が電話したのは、日本人の間で最も顔が広く悪名高い「遊び人金ちゃん」だ。太郎《たろう》は金ちゃんに説明する。こういうわけだがどうだろう。何かいい案はないだろうか。

その間も「金ちゃん」の家の電話にはひっきりなしにいろいろな女の子からキャッチホンが入る。「遊び人金ちゃん」はイケメンで金回りも良く、女の子にモテモテなのだ。

「お前、それならいい案あるぜ。もっと楽なものぐさ道が。だけどもちっとお高いぜ。タダってわけにはいかねえよ」

「高級寿司に酒では？」

「誰《だれ》に向かって言ってるんだよ」

「すみません、カラオケもつけます」

ここで注意しておくが、渡米《とべい》さえすれば生活が変わると思うのはモグリである。今やどこでもヘルシーなスシ、日本食ブーム。西海岸ではオールシーズン日本人観光客相手にあらゆる娯楽産業《ごらく》が揃《そろ》っている。いうまでもなくカラオケなどは基本中の基本だ。

「いいだろう。それとついでにお前、俺《おれ》の数学の課題手伝え。それからブツは今夜俺《おれ》の家に取りに来い」

そしてその夜、太郎《たろう》は「遊び人金ちゃん」から先学期のテストのコピーをしこたまもらう。「金ちゃん」によると、多くの先生は毎年テストの問題を変えることを面倒《めんどう》臭《くさ》がり、いつも同じ課題を出すという。コピーには前の答えもそのまま残っているから太郎《たろう》にしてみれば万々歳《ばんばんざい》だ。あとはテスト前夜にバッチリと暗記すればＯＫ！

かくして太郎《たろう》の週末は、金ちゃんグループとの終わらないカラオケ大会で暮れていくのであった。

語学のカベ、母国を離《はな》れ自分一人の力で生きることへの挑戦《ちょうせん》、そしてカルチャーショック。日本では経験することのないさまざまな困難を乗《の》り越《こ》えて国際人になるためのパスポートを手にする留学生たち。

けれど今は違《ちが》う。泣くほどの苦労？　そんなものしなくったって単位を取る方法はいくらでもあるさ。要は「ここ」の使いよう。留学生たちは人差し指を額《ひたい》に当てて笑う。

私はといえば、初期の頃《ころ》地獄《じごく》のように大変だった勉強が、ある日ひょんなことから噂《うわさ》のパスペーパー（前学期のテスト問題）を手に入れ使ってみたところ、あまりに簡単にＡが取れて空《むな》しくなったことがある。

ところがどっこい、日本人は同じ匂《にお》いのする人間同士集合するという習性を持つ。一度パスペーパーをもらったら最後、ものぐさ連盟のメンバーたちは次から次へとイモづる式に現れる。

テスト前などは、さあ大変だ。

メンバーたちの本拠地《ほんきょち》である「遊び人金ちゃんの家」ではＴＥＬが一日中鳴りっぱなし。金ちゃんはやりかけのマージャンの行方《ゆくえ》を目で追いながら、片方の手でひっきりなしにかかってくる電話の応対を鮮《あざ》やかにこなす。

「もしもし。何のクラス？　ああ、そのペーパーなら今〇〇ちゃんのところに行ってるよ。その子のＴＥＬナンバーは〇〇〇〇」

「はいはい、お待たせ！　経済？　運がいいネエ、ちょうどついさっき持ってきたとこだよ。今夜、取りに来る？　ＯＫ、九時頃《ごろ》待ってるよ～ん」

「もしもーし。おい、お前！　政治学のペーパーいつまで持ってんだよ。いい加減に返せってんだよ、スットコドッコイ！」

とまあこんな具合だ。

そして、かつて一度でもそのメンバーに入っていたことのある人間に対してのアフターサービスは、嫌《いや》になるほど万全だ。もちろんテスト前のＴＥＬ攻撃《こうげき》（有効なペーパーを持っているかどうかを聞かれる）を免《まぬが》れることは不可能だ。

ある日、私は友だちの男の子に相談した。

「やっぱりパスペーパーなんてやってたら意味ないよね。それにあの人たちとあんまり近づきすぎると呑《の》み込《こ》まれちゃいそうで」

すると彼《かれ》は一言はさんだ。

「お前も一度やっただろ。今さら抜《ぬ》けるなんてできないぜ」

「そりゃ私だって、一度は使ってみたけど、あれ何か空《むな》しいよ。これで卒業する人はいいけど、私の場合、四年制に編入したあとで苦労しそうだからさ」

「卒業しちゃえば結果は同じじゃん。何でムズカしい方選ぶわけ？」

別のある女の子も、私がどうしてそんなふうに思うのかサッパリわからないと言った。

「え〜っ、そんなの絶対、ペーパー使う方が得に決まってるじゃ〜ん。頑張《がんば》ったって要領よくやったって、卒業すれば残る成績は同じでしょ。同じA取るんだったら使わにゃソンソンだよ、ミカちゃん」

そりゃ、勉強しなくちゃいけない時間は短縮されるけど。

その子の言ってる損得って、一体何を指すんだろう？

あるクラスでは、私がペーパーなしの苦しさのあまりアメリカ人のグループに無理やり潜《もぐ》り、片《かた》っ端《ぱし》から質問しているのをイヤーな顔で見ていた日本人三人組がいた。

たまたま私の成績が、ペーパーで取った自分たちのそれより高かったことがさらに怒りをあおったらしい（決してAではなかったのが少しムナシイが）。

授業をサボり、ペーパーを使ってAを取り、日本人同士大勢で固まって一緒《いっしょ》に住み、お茶漬《ちゃづ》けを啜《すす》りつつマージャンに明け暮れる。まるで「留学」というよりも「長期観光」と呼ぶほうが相応《ふさわ》しいような生活を送っている留学生たちは、わんさかいる。

まあ悪い人じゃないし、なかには愉快《ゆかい》な人や優しい人もいるから余計にややこしい。落とし穴は集団のそんな安心感によってどんどんぼやけ、見えにくくなっていく。

私がパスペーパーをやめたいと思ったのは、それがずるいとか、やっている人たちを見下したという理由ではなかった。

怖《こわ》かったのだ。誘惑《ゆうわく》に流され、そこから抜《ぬ》けられなくなるのが。

モントレー・ペニンシュラ・カレッジを卒業してすぐ帰国し就職する人や、その他いろいろな理由でとにかく記録の上だけでもいい成績を残さねばという人たちには、手っ取り早くAが取れるパスペーパーは確かに手放《てばな》したくない安全パイだろう。

「♪人生いろいろ、男もいろいろ♪」。歌の文句にもあるように、人の生き方も千差《せんさ》万別《ばんべつ》。何を一番大切にするかということもそれぞれだ。そして、「自分にとって一体得になるか損になるか」というのを決める基準を、人はその人の「価値観」と呼ぶ。

パスペーパーをやめることは、私にとって挑戦《ちょうせん》というよりも一つの賭《か》けだった。

私は愉快《ゆかい》な日本人たちと、ペーパー抜《ぬ》きでつき合いたかった。

「みんな同じ」のワクを取《と》り払《はら》ったとき、その人と本当に息の長い友情が結べるかどうかが見えると思った。ちょっぴりコワい賭《か》けだった。

その結果、多くの人との関係が歪《ゆが》んだ。

つらくてくやしくて、涙《なみだ》がこぼれ唇《くちびる》を噛《か》み締《し》めたこともあった。そんなとき、アメリカ人やアジア人の友だちは、一所懸命《いっしょけんめい》に私を励《はげ》ましてくれた。けれど、なかでも一番私を元気づけたのは、なんと同じ日本人留学生だったのだ。

決して失ったものばかりではなかった。日本人留学生たちのなかにも、何人か私の考えに共感してくれた人たちがいたからだ。彼等《かれら》とは、ずっと長くつき合っていけると思う。だからあのときの判断は少なくとも私にとっては良かったようだ。

モントレーに来て留学生活を始めたとき、大勢の仲間たちと並んでスタート地点に立ち、目の前には一本の道があった。

自由の国アメリカ、初めての留学生活……。道は広く、陽《ひ》の光を浴びてキラキラと輝《かがや》き私たち若者を魅了《みりょう》していた。明るすぎるカリフォルニアの太陽の光は、私たちの目を容赦《ようしゃ》なく差し、瞳《ひとみ》を大きく開いて遠くを見続けることを邪魔《じゃま》していた。

あのときの私たちに、そのことが一体どうしてわかっただろうか。童話『ピノキオ』に出てくる、勉強嫌《ぎら》いで遊び続けていたためにロバになってしまった子供たち。古いメルヘンに秘められた恐《おそ》ろしい真理は、いつの間にか私たちの日常に入《はい》り込《こ》み、ふと気がつけば一本しかなかったはずの道すらその形を変えている。ともに並んで歩いてきたはずの仲間たちは、いくつにも枝分かれした道の向こう側、もう姿も見えない。

ところで、さっき日本人の「ものぐさ太郎《たろう》」という言い方をしたが、それではアジアのほかの留学生はどうだろう？

「贅沢《ぜいたく》しているのは日本人だけ。ほかのアジアの留学生は質素で真面目《まじめ》、皆揃《みなそろ》って勉強ひとスジだ」。留学する前誰《だれ》かに聞かされたことがある。

それでは本当に、贅沢三昧《ぜいたくざんまい》で勉強嫌《ぎら》いの「ものぐさ太郎《たろう》」は日本以外のアジアには存在しないのだろうか？

答えはノーだ。ほかのアジアの国にも「ものぐさ太郎《たろう》」は存在する。タイの学生はそのリッチさから贅沢三昧《ぜいたくざんまい》の生活をしている若者が多い。月額一〇〇〇ドル（十万円）のアパートに、車はＢＭＷ。

韓国《かんこく》の留学生などは、もっと日本の若者に近い生活を送っている。高い車に高い服。それらの物がすべてその人のステイタスを表すという風潮があるため、若者たちはこぞってお金を注《つ》ぎ込《こ》む。そしてやっぱりアメリカに来てもそのクセは抜《ぬ》け切《き》らず、同じような生活をしている。韓国人《かんこくじん》の友だち、キムの家に初めて遊びに行ったときはびっくりした。

リビングには巨大《きょだい》なＳＯＮＹの大型液晶テレビがあり、その下には同じくＳＯＮＹの最新型ＤＶＤ。ステレオはＡＩＷＡのミニ・コンポ。部屋の中に散乱した服はブランドものだらけではないか。

「ねえ、韓国《かんこく》の子も日本人と変わらない生活してるんだねえ」

私が驚《おどろ》きのあまりそうもらすと、キムは笑って、

「そう。韓国《かんこく》では若者はブランドの服といい車に夢中よ。でも国内じゃ何でも高いから、ここへ来てそれを実現させるってわけ。親も、留学してる子供には気前良くお金を出すしね」

と言った。

「なあんだ。日本と変わらないね」

そう私が言うと、

「そうよ。でも韓国《かんこく》では日本よりももっともっと女性の社会的地位が低いの。だからこっちでよっぽど名のあるいい大学を出て、たくさんの言語をマスターしなければ就職はすごく難しいんだ」

キムは今、日本語をマスターするために、夜間のクラスをとっている。

彼女《かのじょ》にとっていい大学を出ることは、就職のためだけでなく、韓国人《かんこくじん》の女性ゆえの、社会へ出る狭《せま》き門《もん》をくぐれるかどうかのたった一つの切《き》り札《ふだ》なのだ。

パスペーパーを闇《やみ》で日本人にさばく韓国人《かんこくじん》の学生らのなかで、彼女《かのじょ》の存在は目立たない。

あらゆる言語の翻訳《ほんやく》が出回っているスタインベックの名作『怒《いか》りの葡萄《ぶどう》』を三カ月かけて原書で読み、英語力を磨《みが》いていたシンガポール人のコンチーや、そのルームメイトで毎晩必ず二時間はコンピューターに向かい、授業の予習復習に励《はげ》んでいた日本人のアッシ君。そういう人たちは本当に目立たない。けれどモノをちゃんと見分ける目を持っている。本当に残るモノとそうでないモノを。

アッシ君がサクラメントの大学に編入することが決まったとき、何だか自分のことみたいに心がポカポカと温かくなったのを覚えている。クリスマスの夜、彼《かれ》

はコンチーや他のルームメイトをつれて私の家のパーティに来てくれた。シーラの同《どう》僚《りょう》のアメリカ人やジーンの学校のアジア人たちと、一晩中食べたり飲んだり歌ったりと楽しんだ後、アッシ君やコンチーに最後のお別れをした。

留学先でできた友だちで、心から別れたくないと思ったのは、それが二回目だった。

四年間も一緒《いっしょ》の四年制大学ならともかく、短大の二年間などは弾丸《だんがん》のようにあっという間に過ぎ去ってしまう。そのため、せっかく友だちができても国に帰ったり、他の州の大学へ移ってしまったりと、なかなか安定しない。

パスペーパーでつながった仲間など所詮《しょせん》、風のようにすれ違《ちが》う間柄《あいだがら》にすぎない。けれど同じ志《こころざし》を持った仲間たちは、ほんの短い期間でもお互《たが》いの心にきちんと消えない足跡《そくせき》を残す。

道端《みちばた》のタンポポがひっそりと、けれどしっかりと着実に大地に根をおろすように、彼等《かれら》は遠くをちゃんと見つめながら、毎日毎日を大切に生きる。

ロバになってしまう留学生たちにとっては、その人たちの存在はあまりにも地味に思えるため、気にも留まらないだろう。

成人と呼ばれる年齢《ねんれい》を過ぎた若者のものぐさ太郎《たろう》化、そしてロバ化は、自国の社会システムのせいでも、お金を惜《お》しみなく与《あた》えてくれる親のせいでもなく、自分の人生に責任が持てないせいだ。

全然違《ちが》う環境《かんきょう》のなかで送る生活は新鮮《しんせん》で楽しい。先の目標？　アメリカに来たことが目標だったのさ！　それだけでも自分にはプラスになったよ、アメリカ最高！　と手を叩《たた》いて満足してしまう人たちは、シャワールームの鏡に映る自分のオシリにシッポが見えていても不思議に思わない。だってまわりのみんなにも生えてるもん！　そうこうしているうちに、いつしか朝食のコーンフレークの代わりに何の疑問もなくワラをムシャムシャ噛《か》み始《はじ》めることになる。

そうなったらもう手遅《ておく》れ！　立派なロバの完成だ。

「留学」と「長期観光ロバ留学」は、形は似ていてもついてくる付録が全然違《ちが》うのだ。

それ以来私も、自分にシッポが生えてきていないか、ときどきチェックするようにしている。

ピンチ！ エッセイ盗作《とうさく》事件

留学する前、一番心配だったのは友だちのこともさることながら、果たして授業についていけるかどうかであった。

言葉のハンディがあるのだから、確かに初めは骨が折れるのが当たり前。私もかなり苦労した。

十分前には着席し、先生を待つ。ところがいざ先生が話し出すと、速くて速くてチンプンカンプン。アレヨアレヨという間に授業は終了《しゅうりょう》。

帰りがけにクラスメイトの袖《そで》つかまえて聞いてはみるものの、なにやら難しい単語が次から次へと飛び出してきて、いっそう始末が悪い。

こりゃあかんと、家に帰って授業の録音をしたテープの回転を遅《おそ》くして耳をすますと、やっと言葉らしきものが聞き取れる。泣く泣く毎日明け方まで教科書を予習し、翌日眠気《ねむけ》と戦いながら授業に臨むパターンだった。

テスト前には、授業のあとは一刻も早く帰宅したがる先生を無理やりつかまえて、しつこくわかるまで質問を繰《く》り返《かえ》す。

始終、時計とニラメッコの先生、最後には同情か、はたまたヤケクソか、テストの問題を二、三遠回しに教えると、「グッドラック、ミカ！」、そう言い残してそそくさと帰ってしまった。

結局、そうまでした社会学はCだったものの、猛然《もうぜん》と勉強したのが良かったのか、高校の頃《ころ》馴染《なじ》みの深かった〝一夜漬《いちやづ》け方式〟とは違《ちが》い、その内容は先生の「グッドラック！」とともに、今も鮮明《せんめい》に記憶《きおく》に残っている。

そして、あっという間に半年が過ぎた。

その頃《ころ》になると、英語自体にはもうそれほど四苦八苦することもなくなり、授業も予習さえしていけば、最初の頃《ころ》は頼《たの》みの綱《つな》だったテープレコーダーなしでもOKになった。

さて！　と私は思った。これからがスタートだ。

最初は「英語の授業を理解する」ことだけを目標にしてきた。けれど、それをクリアした今、今度は「内容を理解し、考える」という壁《かべ》が立ちはだかる。つまり、授業の内容を自分がどう理解し解釈《かいしゃく》していくのか。

英語はたくさんある外国語のなかではそう難しい部類ではなさそうだ。一年もアメリカで生活し、アメリカ人と交流していれば、どんな人でも話し言葉くらいは身につけることができる。ところが、英語の授業で学んだものを自分の身につけることはなかなかムズカシイ。それは単にAを取るということではない。Aにもいろいろな取り方があり、したがって、いろいろな種類のAが存在するからだ。

「理解し、自分のものにすること」

この壁《かべ》をクリアするための大きなキーワードの一つ、それは「先生」だ。

あるとき、先生と派手なケンカをしたことがあった。

今思えば、生まれてこのかた、さまざまなケンカを体験したが、あんな激しいケンカを、それも先生としたのは初めてだった。ついでに言うと、留学してアメリカ人とした初めての記念すべきケンカでもあった。

彼《かれ》の名は、ロン・ラッセル。担当は外国人用の英語クラスだ。略してＥＳＬ（English as a Second Language：第二言語としての英語）と呼ばれる。最初の授業で私が持った彼《かれ》の印象はそう悪くなかった。彼《かれ》はテンポの良い冗談《じょうだん》と小話で私たち生徒を飽《あ》きさせなかった。時折交じるブラックユーモアも、私の好みに合っている。

滑《すべ》り出《だ》しは絶好調に見えた。

毎週のように出される千二百文字の英作文の宿題は決して楽ではなかったが、それでも一所懸命《いっしょけんめい》書いて締《し》め切《き》りに遅《おく》れないようにした。

最初は良かった。内容が面白いとクラスで発表されたりもした。

ところが、三回目、四回目と続いて書き直しのハンコが押《お》されて戻《もど》ってきた。しかも、書いてあることが、「まったくダメ」とか、「意味不明」。ついに「あきらめろ」と殴《なぐ》り書《が》きがしてあったときには、さすがの私もむかっとし、授業が終わるとすぐ、ロンのオフィスに駆《か》け込《こ》んだ。

エッセイのペーパー片手に口をパクパクさせている私は、滑稽《こっけい》に見えたのかもしれない。彼《かれ》は何事かという様子で私を見ていたが、私の説明を聞くとそっけない口調でこう言った。

「君はこのクラスをパスできないよ。文法のミスが多すぎるし。あきらめなさい」

ショックだったが、これくらいで引き下がっていたんじゃあ留学した甲斐《かい》がない。

「私、一所懸命頑張《いっしょけんめいがんば》ります。だからもう一度チャンスをください」

私は本当に努力すれば、どんなに大きな壁《かべ》だってクリアできると信じていた。

ロンはちらりと私を見るとこう言った。

「無理なものは無理なんだよ。少なくともAやBはあきらめることだね。大体、自分の英語力を過大評価している生徒が多すぎる」

私は腹が立ってきた。

「努力しても無駄《むだ》だとおっしゃりたいんですか?」

私はロンを睨《にら》みつけた。

「先生っていうのは生徒の能力を伸《の》ばしてやるものなんじゃないんですか? 確かに英語のハンディはまだまだあるけれど、遊んでるわけじゃない。追いつこうと必死なんです。私が先生だったら、たとえどんなことがあっても生徒に『あきらめろ』なんて言わない。『キミなら頑張《がんば》ればBも夢じゃない』ってそう言います」

「キミにはよくわかってないんだ。キミが将来子供を持ったとき、その子が間違《まちが》っていたときほめるか？　僕《ぼく》ならほめないね。むしろ厳しく叱《しか》るよ」

「お前はダメだって言うことが、育てて伸《の》ばすことなんですか？」

ロンは黙《だま》ってしまった。

日本語なら！　私は嘆《なげ》いた。こんなとき、気のきいた嫌味《いやみ》のひとつでも言って胸がスッとするのに！　ああ悔《くや》しい。今すぐ英語がうまくなりたい！　私はもどかしさに地団駄《じだんだ》を踏《ふ》んだ。

「とにかく追いつきますから」

私はそれだけ言うと、エッセイを持ってオフィスを後にした。

外に出たところでタイ人の友だち、チャンプーに会った。

「どうしたのミカ、怖《こわ》い顔して。何かあったの？」

彼女《かのじょ》は物静かな優しい性格で、私が浮《う》かない顔をしていると、いつもいつも心配してくれるのだった。私はついチャンプーにポロポロと今あった出来事を打ち明けた。

すると、なんと彼女《かのじょ》も同じ目にあっているという。

「私なんてもっとひどいことたくさん書かれたよ。もうドロップ（途中《とちゅう》でやめること）しようかと思ってるの」

「私だけじゃなかったんだ。でもやめないでもう少し頑張《がんば》ろうよ。今やめるの悔《くや》しくない？」

「あんまり意味ないと思うよ。ロンは私や私の友だちを見下しているみたいだし、私もミカみたいにロンのところに行ったけど、バカにされて……。もうあんな思いするの嫌《いや》なの」

ロンめ！　私は本当に腹が立った。優しいチャンプーをこんなふうに傷つけるなんて！　許せない！　頑張《がんば》ってる生徒をバカにするなんて！

やはり同じクラスで仲の良かった韓国人《かんこくじん》のキャサリンも、同じことを言った。

「私なんて、パスも無理って言われたわ。彼《かれ》はクレイジーよ」

ところが、日本人のクラスメイトの反応は違《ちが》っていた。

「え〜っ、あのロンにそんなこと言ったわけ？　信じらんな〜い！」

「そんなこと、思ってても言わなきゃいいのに。自分の成績に響《ひび》いたら損するのミカちゃんだよ」

考えてみれば、今のニッポン、生徒を励《はげ》まし伸《の》ばしてやる先生がどれほどいるだろうか。だいいち、生徒と先生の交流、ぶつかり合いすら、受験戦争のなかでなくなりかけているのではないだろうか。

かつて、学園もののドラマはたくさんあった。情に篤《あつ》く生徒たちに心から真剣《しんけん》に耳を傾《かたむ》ける先生と、そんな先生に心打たれ、隠《かく》していた自分の心を開く生徒たち。

けれど、現実は厳しい。いくらドラマが素晴らしく感動を誘《さそ》うものでも、新聞やテレビでは校内暴力やいじめなどのニュースが跡《あと》を絶たない。「お前はダメな子だ」と親や先生に言い続けられた子供が犯罪を犯したり、ついには自ら命を絶《た》ってしまったり。

「言葉は心を越《こ》えない」。そういえば、こんなフレーズで始まる歌があったっけ。言葉にしたら壊《こわ》れてしまう。そんな繊細《せんさい》な「何か」は存在する。でも、言葉にして伝える術《すべ》を持たなかった胸のなかの「何か」が、取り返しのつかない悲劇を生み出すことだってあるのだ。

書き直しのハンコをもらった生徒たちのエッセイは、確かに未熟だったかもしれないし目に余るような文法の誤りだらけだったかもしれない。

けれど、エッセイを書き直すことはできても、「能力がない」とバカにされ傷ついた彼女《かのじょ》たちの気持ちをもう一度白紙に戻《もど》すことは困難だ。心には書き直しのきかないときもあるのだ。

それからというもの、私は毎日エッセイと格闘《かくとう》した。でき上がったものは完璧《かんぺき》になるまで他の先生にチェックしてもらい、さらにアメリカ人の友人何人かにも見てもらった（ただし、アメリカ人の場合は、よっぽど人を選ばないと文法で落ちる）。暇《ひま》なときには英作文の書き方についての本を図書館で片《かた》っ端《ぱし》から読《よ》み漁《あさ》った。

すると、その成果が出たのか、その後「書き直し」のハンコは押《お》されなくなった。打って変わって、「ワーオ！　グレイト！」などの大袈裟《おおげさ》な殴《なぐ》り書《が》きに鼻白《はなじろ》みながらも、私は嬉《うれ》しかった。

「ワーオ！　グレイト！だって。フフンだ」

中間テストもＡが取れた。ロンとは特に口もきかずに平静を保っていた。

「あの先生はアジア人が嫌《きら》いなのよ」と言うチャンプーの言葉も、いつの間にか忘れかけていた。

このまま、無事にすべてが収まるかに思えた。

ところが、学期も終わりに近づき、迫《せま》りくるエッセイの締《し》め切《き》りに追われ、みんながヒーヒー言っているさなかのことであった。

返されたエッセイを見ると、何もコメントが書いてない。不思議に思って私は授業が始まる前にロンのところへ行ってわけを尋《たず》ねた。すると彼《かれ》は例のごとく私をチラリと見て、あろうことか、こう言ったのだ。

「これは盗作《とうさく》だ。持って帰りたまえ」

「はあ？　どういうことですか？」

「君が人のを盗《ぬす》んだと言っているんだよ」

私は絶句してしまった。何が何だかわからなかった。皆《みな》が私を見ていた。ロンは何事もなかったかのように授業を始めた。

盗作《とうさく》？　一体、何だってロンはそんなことを言い出したのだろう。

「彼《かれ》はクレイジーよ」。キャサリンの言葉が頭をよぎる。あれはどうやらホントだったらしい。見たところ、出がけにドラッグをやってきたふうには見えないけど……。

それにしたって、こんな理不尽《りふじん》なこと、許せるものか！

たまらなく悔《くや》しかった。誰《だれ》かが肩《かた》に手をかけてくれたら泣いてしまいそうだった。

そんな私を、チャンプーやキャサリンが心配そうに見ていた。

〝絶対に授業が終わるまでは我慢《がまん》しよう〟

授業が終わると、何人かの生徒がロンに質問していた。

最後の一人が出て行って、教室にはロンと私の二人だけになった。

「どういうつもりですか？」

「それはこっちのセリフだよ」と、ロン。

「私、盗作《とうさく》なんてしていないし、これまでにもしたことはありません！」

「あれはアメリカ人の使う言い回しだ。キミが書いたとは思えない」

確かに文法は何度も人に見てもらって完璧《かんぺき》にしたし、表現もハウスメイトに手直ししてもらったりと、自分でもかなり頑張《がんば》ったつもりだ。でも、そんなことで、いちいちカンニング呼ばわりされる筋合はない。しかも、みんなの前で……。ひどすぎる！

「大体、証拠《しょうこ》もないのに、みんなの前でカンニング呼ばわりするなんて、ちょっとやり方汚《きたな》いんじゃありません？」

「僕《ぼく》は教師になってもう長いんだよ。僕《ぼく》の生徒のなかでこういう文章を英語で書ける子はいないはずだ」

私は開いた口がふさがらなかった。

「ミスター・ラッセル、それやっぱり変だと思う。望むレベル以上の作文を生徒が書いてきたっていうんなら、喜ぶのがスジってもんでしょ？　あなたのクラスの生徒でしょ？　私はこのエッセイに三週間もかけたんです。それを盗《ぬす》んだなんて冗談《じょうだん》じゃないわ！」

おしまいのほうは、ほとんど泣きそうだった。

「おっと、ジャパニーズお得意の泣き落とし作戦なら御免《ごめん》だよ」

ロンはからかうようにそう言い、その様子はいかにほかの日本人の子が彼《かれ》に泣かされてきたかを私に教えた。まあ、確かにね。泣けば良いってもんじゃない。

私は急にバカバカしい気持ちになった。彼《かれ》だって人間だもの。きちんと説明すればわかるはずだわ。悪いことをしたならともかく、私は潔白《けっぱく》なんだから。ここはクールに。

「ミスター・ラッセル、確かに私は文法も完璧《かんぺき》に直したし、日本的な比喩《ひゆ》の表現も使った。でも、ほんとうに私のエッセイなんです。最初にパスするのも難しいと言われたあの日から、なんとか追いつこうと必死でした。あなたに認めてもらおうと、一所《いっしょ》懸命《けんめい》勉強した。私を信じて、プリーズ！」

「そう言って僕《ぼく》のところに他人のエッセイを平気で出してくる生徒は、少なくないんだよ」

「生徒を信じない教師なんて！」

「信じたいけど信じられないよ」

そのとき私は、彼《かれ》の目のなかに初めて寂《さび》しそうな光を見た。それが何なのかは考える余裕《よゆう》もなかったけれど。

教室を出ると、カズエさんという日本人のクラスメイトが待っていてくれた。

カズエさんは何も言わずに背中をさすり、「大丈夫《だいじょうぶ》？」と言ってくれた。

こういうとき、日本語だと余計涙《なみだ》が出てしまう。私は、ロンの前で必死にこらえていた分、カズエさんの前でポロポロ涙《なみだ》を流してしまった。

カズエさんに話そうかどうしようか迷っていると、彼女《かのじょ》は「とにかく何か食べましよ！」、そう言ってカフェテリアへと私を促《うなが》した。

言われてみれば腹ペコだ。どなって腹筋を使いすぎたらしい。さすがカズエさん、ツボを心得てる！

カズエさんは大学に通う傍《かたわ》ら仕事もし、また一方では二児の母だ。いつも花のように笑う。綺麗《きれい》な女性だなあくらいにしか思っていなかったけど、こういう慰《なぐさ》め方はやはり母親を感じさせる。

カフェテリアでカズエさんに分けてもらったチキンサンドイッチをパクついているうちに、私はすっかり元気になり、「ケンカしちゃった」と打ち明けた。

「まあ、ひどいわねえ！」。私の話にカズエさんはいきり立った。

「ミカちゃん、絶対負けちゃダメよ！」

帰りの車のなか、私はロンとの会話を一つひとつ思い出していた。

「教師が生徒を信じられなくてどうするのよ！」

ヤレヤレ、これじゃまるでクサい青春ドラマのセリフじゃないか！

「信じたくても信じられない」。そう呟《つぶや》くロンに、あのとき私はほんのすこし同情した。


日本の教育レベルは、一般的《いっぱんてき》にほかの国よりも高いという。

けれど、教育の中身は？　と聞かれると私はウーンとうなってしまう。

受験戦争に疲《つか》れ、とてつもないスピードで走り続けなければ生き残れない、そんな日本の教育システムに疑問を感じ、留学を決意する若者たちは多い。留学業者のパンフレットには、教室に円を描《えが》いて座《すわ》り、まるで友だち同士のように笑い合う教師と生徒の写真が載《の》っている。日本では考えられないようなその光景に、憧《あこが》れを抱《いだ》かずにはいられない。

日本ではダメ。それなら外国だ。アメリカに行けば、外国なら、きっとうまくいく。そんな期待を胸に、彼等《かれら》は次々と母国を離《はな》れ、憧《あこが》れの地へゆく。

私もまた、彼等《かれら》と同じだった。しかしロンとの一件で、私はそれが単に国境を越《こ》えただけでは解決するものでないことに気づかされたのだった。

それから毎日、私はロンを説得しに行った。なだめたり、すかしたり、あらゆる方法で自分の潔白《けっぱく》を証明しようとした。私のことを昔からよく知っている友人が弁護してくれたこともあった。

クラスメイト、とくに他のアジアの国から来た子たちは、廊下《ろうか》で会うと、いつもこのことを聞いてきた。そして、最後は「グッドラック、ミカ！」と肩《かた》を叩《たた》いてくれた。

しかし、そんな私の努力も空《むな》しく、あるいは毎日現れる私にうんざりしていたのか、ロンの返事はいつも同じだった。

「信じられない」

あまりのもどかしさに、静かな図書館で、彼《かれ》に大声で食ってかかったこともあった。

図書館で働いている黒人の女の人が、ただでさえ大きい目を飛び出しそうに見開いて私たちを見つめていた。

そんなある日、日本人の女の子から、実はロンのクラスの生徒たちが、他人のエッセイに自分の名前を書いて提出しているという話を聞いた。

「えっ、それってカンニングと同じじゃないの？」

「うん、でもエッセイって面倒臭《めんどうくさ》いし、時間取られるでしょう。それに、先生も今のところ気がついていないみたいだし」

人のエッセイを丸写しして出す――友だちの友だちは、東部の大学でそれをやって退学させられた。社会に出てそれをやれば、まぎれもない犯罪だ。

丸写しするということは、まったく勉強しないことに等しい。わざわざリスクを背負い、勉強するのを放棄《ほうき》することだ。

卒業さえできれば、いい成績さえ収められれば、手段は選ばない。たとえ自分は何も学ばず、空っぽのままであってもというのでは、何のための大学だろう。

それを知ったときのロンは、どんなにプライドを傷つけられただろう。

バレたとき、泣いて言いわけをしたという日本人の女の子を前にして、彼《かれ》は日本人に対してどんな思いを抱《いだ》いただろう。彼《かれ》の心を偏狭《へんきょう》にしたのは、単にアジア人嫌《ぎら》いという理由だけではなかったのだ。


月日は飛ぶように過ぎ、学期は終わりに近づいていた。

ロンと私の話し合いは、相変わらずだった。彼《かれ》は、別のエッセイを書いて出せば、点をくれると言った。日本人のクラスメイトたちも、グレードが下がるのを心配して出すように勧《すす》めていたが、私はどうしてもロンに信じてほしかった。

そうでなければ、「ロンはアジア人が嫌《きら》いだから」という言いわけがまかり通ってしまう。

しかし、彼《かれ》は、首を縦には振《ふ》らなかった。

彼《かれ》はますます意固地《いこじ》になり、私は疲《つか》れ始《はじ》めていた。

そして、いよいよ最後の締《し》め、期末テストがやってきた。これが終わればもうロンとは毎日顔を合わせることもなくなる。

私は死《し》に物狂《ものぐる》いで勉強した。ハナを明かしてやる。そんな気持ちだった。

テストの日の朝、時間前に学校へ行った私は図書室の前で笑い合うロンと生徒を見て、一瞬《いっしゅん》自分が取り残されたような、寂《さび》しい気持ちになった。

テストは順調に進み、私は時間よりも早く終わった。気がつくと答案の最後のページが余っていた。私は決心して余白の部分に鉛筆《えんぴつ》を走らせた。

「Dear Mr. RUSSEL……こんなに長い時間をかけてもあなたを説得できなかったことは、私の力不足だったのだと思います。でも、カッとしてひどいことを言ってしまった。ゴメンナサイ。これからは、今まで以上に英語を勉強して、誰《だれ》にでも認められるよう努力するつもりです。今学期教えてくれて、サンキュー。感謝しています」

ロンにそれを渡《わた》すと、私は帰り支度《じたく》を始めた。

終わった。それで悔《く》いはなかったはずだ。

そのとき、ロンが教室から出て来て、私を呼び止めた。振《ふ》り返《かえ》ると、彼《かれ》は私の答案を手にしていた。

「あやまらせてくれ」

　ポツリと彼《かれ》が言った。

「正直言って、初めは君のことを本当に信じられなかった。今までそういうことがありすぎたからね。留学生は文法や言い回しをアメリカ人に手直ししてもらうのが普通《ふつう》だが、それをどこまで本人のものとして評価していくかは、僕《ぼく》たちESL教師の悩《なや》みの種なんだ。前に添削《てんさく》したエッセイをほかの生徒が自分の名を書いて提出してくることなんて珍《めずら》しくないし、そのことで留学生不信になってた部分もあったからね。まあ最後のほうは意地かな。僕《ぼく》も言い出したらガンコな質《たち》でね。君のことを傷つけていることも痛いほどわかってた。それでも懲《こ》りずに毎日君は来た。それにまた腹が立った。親子ほど年の違《ちが》う女の子、それも英語が母国語じゃない君に汚《きたな》い言葉を投げつけている自分が嫌《いや》で仕方がなかった。でもどうしても自分から折れることができなかった。キミはスウィートだね。チャンスをくれてありがとう。日本人に対する偏見《へんけん》も少し変わったよ」

私は何も言えなかった。ただ、彼《かれ》の言葉の一つひとつをしっかりと受け止め、自分のなかに大切にしまい込《こ》んだ。

彼《かれ》は答案を返してくれた。その場で採点したらしく、赤ペンが入っていた。

オッチョコチョイの私の癖《くせ》がところどころに赤で記されていた。間違《まちが》いがあったのでBのはずだ。

しかしBと書かれた上には斜線《しゃせん》がしてあり、その上に赤ペンで大きくAと書いてあった。涙《なみだ》がみるみるうちに視界を閉ざし、私は思わず答案用紙で顔を隠《かく》した。

「サンキュー。あ、あと、メリークリス

マス！」

「ハヴアメリークリスマス、ミカ！」

片目をつぶって笑ったロンは、もう冷血漢《れいけつかん》でもガンコ親父《おやじ》でもなく、ジョークの好きな一人のアメリカ人だった。

ところで、例のあのエッセイ、あとあとほかの先生に見せたら赤ペンだらけで返ってきた。なんでも、言い回しがくどいそうで……。

まだまだ先は険《けわ》しいようである。

そして、次の日、私はほかの生徒たちに交じって、教室の前に張り出されるはずの最終グレードを見に行った。パスできていなかったら……。もしそうだったとしても、言葉にはできない大切なものを手に入れたから悔《く》いはない。そう言いわけしながらも、私は念のため、家を出る前にジーザスの絵に手を合わせておいた。

結果はB。

私は思わず「ワーオ、グレイト！」十字を切った。

愉《ゆ》快《かい》なハウスメイトたち

日本語の飛《と》び交《か》うケディの家を出てからモントレー・ペニンシュラ・カレッジを卒業するまできっかり一年と三カ月、その間、私が生活をともにした人間は四人いた。そのうち三人はアメリカ人、残る一人は台湾人《たいわんじん》だ。

ケディの家を出て私が転《ころ》がり込《こ》んだのは、高級住宅街パシフィックグローブの一角にある廃墟《はいきょ》のような家だった。

私が入ったときの住人は二人のアメリカ人。近くの水族館で働く三十歳《さい》のヒラリーと、近所の大学に奨学金《しょうがくきん》で通っている二十八歳《さい》のスティーブだった。

最初二人の名前を聞いたとき、正直言ってひどくためらった。男女？　ってことはカップルってこと？　だとしたら仲むつまじい男女の間に割《わ》り込《こ》むなどなんとも野暮《やぼ》な話ではないか！　なんでうまくいっているカップルが自分らのほかにハウスメイトを募集《ぼしゅう》するわけ？　サッパリわけがわからなかった。

ボンヤリしている私の肩《かた》を、ヒラリーはポンと叩《たた》いて言った。

「どう？　なかなかナイスな家でしょう？　私たちもう一年も住んでるのよ。きっと気に入るわ、よろしくね！」

「でもいいの？　私が入って……」

「あら大歓迎《だいかんげい》よ！　ミカの英語はわかりやすいし。私たち、絶対楽しく過ごせるわよ」

「アメリカってこういうことよくあるの？」

「こういうことって？」

「つまり、なんて言うか……、カップルと第三者が一緒《いっしょ》に住むってこと」

するとヒラリーはそっくり返って笑い出した。

「スティーブと私はステディ（恋人同士の関係にあること）じゃないわ。フレンドシップだけ。私にはほかにちゃんとしたボーイフレンドがいるもの」

この答えは、さっきよりももっと私を驚《おどろ》かせた。

「えっ、だっていいの？　ボーイフレンドはヤキモチ焼かないの？」

「全然」

私はカルチャーショックで口が開いたままになっていた。ヒラリーはそんな私の様子を不思議そうに見ながら、

「さあさ、ミカの部屋はこっちよ」

そう言って私のスーツケースに手をかけた。

「待って、少し考えさせて！」。私は慌《あわ》ててそう叫《さけ》んだ。

いくらカップルじゃないと言ったって、一つ屋根の下で男の人と暮らすなんて初めてだ。ましてやここアメリカで。

あれこれ考えていると、目の前でガチャガチャと音がしてドアが開いた。

私は目を疑った。サラサラのブロンドに鳶色《とびいろ》の瞳《ひとみ》で優しげに微笑《ほほえ》む美青年が立っている。

「ハーイ、ミカでしょ？　アイアムスティーブ」

次の瞬間《しゅんかん》、私は頭をフル回転させた。

ルームメイトともなれば毎日顔を合わせることになる。アメリカにウジャウジャい

るパンクしそうなおデブさんやチョンマゲ頭のヘビメタガールよりは、このイケメンのほうが百倍バラ色になるだろう。

私の心を見透《みす》かしたのか、スティーブは、

「今夜は君の歓迎《かんげい》パーティだよ。僕《ぼく》の得意のホウレンソウのパスタでね」

そう言うと茶目っ気たっぷりにウインクした。

その瞬間《しゅんかん》、私の決心は固まっていた。

こうして、私とヒラリー、そしてスティーブの奇妙《きみょう》な共同生活の幕が切って落とされたのだった。

「えっ、男の人もいるの？」

その晩私は国際電話で、いつもクールな母の、声にならない叫《さけ》びをハッキリと聞いた。

だが、後日声にならない叫《さけ》びを上げたのは、何を隠《かく》そうこの私だった。

友人のMが、借りていたビデオを取りに来たときのことだ。

キッチンへ飲み物を取りに行くと、スティーブが緊張《きんちょう》した面持《おもも》ちで立っていた。

「どうしたの、その顔？」

「ミカ、あれ誰《だれ》？」

「友だちのM。クラスが一緒《いっしょ》なの」

「オー素晴らしい！　キュート極まりないじゃないか！」

私は嫌《いや》な予感がした。

そしてその夜、ヒラリーにこのことを話したとき、真相が明らかになった。

スティーブはゲイだった。


今思えば、このスティーブとの出会いは、私の二年間のアメリカ生活のなかでも松竹梅の松に値《あたい》する出来事だった。何《な》故《ぜ》なら彼《かれ》との共同生活は、日本での社会

生活が私に植えつけた常識的な道徳観念を見事にひっくり返してしまったのだから。

五月になって、スティーブは奨学金《しょうがくきん》で通っていた大学を卒業したが、彼《かれ》の職探しは容易ではなかった。彼《かれ》は一度クレジットカードで破産宣告を受けていて、それは社会からドロップアウトしたのと同じことだった。

努力して奨学金《しょうがくきん》をもらい、やっと取った政治学の学士号。破産宣告はスティーブの夢を無残《むざん》にも打《う》ち砕《くだ》いた。

どこへ行っても門前払《もんぜんばら》いを受けたスティーブは、日に日に貧乏《びんぼう》になり、アボカドパウダーや豆スープばかりを食べていた。

一度友だちとの電話の最中、ふと横を見るとそばのテーブルにジャガイモの皮のフライがあった。ひとつつまんだら、とてもおいしかったので手が止まらなくなり、電話をしながら全部平《たい》らげてしまった。電話を終え後ろを見るとスティーブがまっ青な顔をして立っている。

なんと私が平《たい》らげてしまったジャガイモの皮のフライは、スティーブの貴重な夕食だという。スティーブはすごい剣幕《けんまく》で私をののしったが、その姿はいつもの穏《おだ》やかなスティーブからは想像もつかない激しさで私はケンカの最中も胸がドキドキした。

結局、私が代わりに肉ジャガの夕食を作ることで話はおさまったが、作るとき調味料の分量を間違《まちが》えたらしく味が少し濃《こ》かった。スティーブはブツブツ文句を言い、私は腹が立って肉ジャガはジャガイモの皮なんかに比べたらずっと栄養があるんだと口をすべらせ、私たちのインターナショナルな口ゲンカは第二ラウンドを迎《むか》えた。

それから何日かすると、スティーブは職探しをやめて大きなリュックに荷物をまとめ出した。どうやら遠くへ行くらしい。

「もう会えないの？」

私が聞くと、彼《かれ》は首を横に振《ふ》った。

「二カ月したら、またここへ帰って来るよ」

「旅に出るの？」

「ああ」

「どこへ？」

「人のいない山の頂上さ」

そう言って、彼《かれ》は残っていたわずかなアボカドパウダーや豆腐《とうふ》の燻製《くんせい》などを水筒《すいとう》やタオルと一緒《いっしょ》にリュックサックに詰《つ》め、次の朝、ボロボロのワーゲンで出発した。

日本人だったら。私はふと思った。これがもし日本人だったらどうだろう。二十八歳《さい》という年齢《ねんれい》で職が見つからず、明日食べるものにも事欠《ことか》いたとき、果たして何人の人たちがスティーブのように潔《いさぎよ》くなれるだろうか。わずかな食料とともに厳しい自然のなかで二カ月も生活できるだろうか。いやそれより以前に、挫折《ざせつ》のなかからポジティブな姿勢を生み出せるだろうか。

ああ、ケチスティーブ！　私は思った。あなたに会えたこと神様に心からありがとう。帰ってきたら練習に練習を重ねてとびきりおいしい肉ジャガをご馳走《ちそう》してあげるからね！

そして、日はまたたく間に流れた。忙《いそが》しい日々の中、私はしばしば山頂でアボカドスープを啜《すす》る美青年を想像した。

再会は二カ月後、とてもショッキングな再会であった。

学校から帰って来ると、ヒラリーが、

「ミカ、私たちの仲間が帰って来たわよ。すっかり山男になって」

とクスクス笑いながら言った。スティーブだ！　いよいよ帰って来たんだ！

私はドキドキした。いっそうステキになっているかも……。

まずカバンを置いてこなくっちゃ。急いで部屋にいく途中《とちゅう》、トイレのドアが勢い良く開き、出てきた誰《だれ》かと嫌《いや》というほどぶつかった。

「ハーイ、ミカ、ナイストゥシーユーアゲイン！」

私はギャッと叫《さけ》んでしまった。

そこには変わり果てたスティーブが立っていた。髪《かみ》がボサボサに伸《の》び、ヒゲが痩《や》せこけた頰《ほお》と口のまわりをどろぼうのように覆《おお》っている。筋肉だけが異様にムキムキだった。

「お帰り。たっ、たくましくなったね……」

私はかろうじて言葉をしぼり出したが、胸の中はショックが渦巻《うずま》いていた。

ヒラリーと私は、スティーブのお帰りパーティを開いてあげた。スティーブのお気に入りのMも招待した。メインディッシュはもちろんグレードアップした肉ジャガ！

スティーブは、山での厳しい生活や、頂上から見た美しい景色のことを話してくれた。話すたびにぼうぼうのヒゲが上下左右に動く様子はとてもブキミだった。

「今度は北のほうに行こうと思うんだ。ポートランドに運送屋をやっている叔父《おじ》がいるから、その手伝いをしながらもう一度ゼロからスタートしてみるよ」

「えっ、ここを出るの？」

私が聞くと、スティーブは少し寂《さび》しげに微笑《ほほえ》んだ。

「ああ、今度はほんとの引《ひ》っ越《こ》しさ」

私は何も言葉が出なかった。何だか寂《さび》しくなって、ただただ夢中で肉ジャガを頬《ほお》ばった。この先、ジャガイモを見るたびにケチでゆうかんなスティーブのことを思い出すだろう。


もう一人のハウスメイト、ヒラリーは実に明朗活発《めいろうかっぱつ》な女性であった。

子供が大好きで、水族館の子供ショーなどには率先して参加していた。そのたびにヒラリーはせっせと巨大《きょだい》なヌイグルミを縫《ぬ》い、リビングでわけのわからないイカやタコの劇を大声で練習する。

ヒラリーには同じ水族館で働いているデネスという恋人《こいびと》がいた。薄茶色《うすちゃいろ》の目と髪《かみ》をした優しい人で、ヒラリーをとても愛していた。

二人が廊下《ろうか》のまん中で情熱的なキスをしているときは、まわりの景色も音も消えてなくなり、ハートのマークがヒラヒラと宙を舞《ま》う。私の部屋は廊下《ろうか》の突《つ》き当《あ》たりの一番奥《おく》にあるため、もはや他人の声など耳に入らぬ二人と壁《かべ》との間を、私は「エクスキューズミー」と言いながらカニ歩きでそそくさと通《とお》り抜《ぬ》けるのだった。

ところが、スティーブが北部に引《ひ》っ越《こ》すということを話してくれたあの日からちょうど一週間後、今度はヒラリーが引《ひ》っ越《こ》すと言い出した。

「オレゴンへ行くわ」

ヒラリーがそう打ち明けてくれたのは、二人で家の前の石段に座って夕涼《ゆうすず》みをしていたときだった。

「どうして？　どうしてヒラリーまで行っちゃうの⁉」

「スティーブが山から帰ってきて北へ行くって言った夜、私いろいろ考えたの。今の自分の生き方について。そのうえでオレゴンに行こうって決めたのよ。私ももう三十だし、そろそろ子供のこととか考えたの」

「三十って言ったってまだ十分若いじゃない。それに、水族館の仕事好きなんでしょう？　どうしてわざわざ北に行くの？」

私は必死に言った。行かないでヒラリー！　私をひとりぼっちにしないで！

「確かにモントレーは美しい町よ。海もきれいだし動物もたくさんいる。でもリゾートなのよ。観光客のために磨《みが》き上《あ》げられた町だわ。私、自分にもし子供が生まれたらこういう町では育てたくないの。私が生まれたコロラドのような、広大な自然の中でのびのび育ってほしいのよ」

「仕事を見つけて？」

「ええ。私、先生になるのが夢だったの。資格は持ってるから向こうでも通用すると思うわ。今までみたいな水族館付属というのではなく、ほんとの学校の先生になるつもりよ。このままじゃ私、宙ぶらりんの生き方になってしまう」

「デネスはどうするの⁉」

私の頭に茶色の目をした、あの優しげな顔が浮《う》かんだ。

「彼《かれ》にはいずれ話すわ」

ヒラリーはため息をついた。

「一緒《いっしょ》に行けば？」

「無理よ」

「どうして⁉」

「あの人はこの町で生まれ育った人。この町を愛しているのよ。ここを離《はな》れてほかの土地では生きていけないわ」

愛しているから一緒《いっしょ》に行くのではないの？　と問う私に、愛しているから無理強《じ》いはできないと言うヒラリー。

多分、それは彼女《かのじょ》にとって、精一杯《せいいっぱい》の誠実さなのだ。

今までの生活全部、愛する人のそばにいることすらも切り捨てて、自分の人生を、ずっと温めていた夢をもう一度見直すこと。彼女《かのじょ》の勇気と潔《いさぎよ》さに、いろいろなことを考えさせられた。

結局、ヒラリーは出ていく一週間前にデネスにそのことを告げて、二人は大ゲンカをした。そして一週間後、ヒラリーはライトバンに家具を全部詰《つ》めてオレゴンへと旅立った。

「明日、私の代わりに水族館で働いている後輩《こうはい》の女の子が来るわ。スティーブが見つけてきた子のほうは、来週から入るから」

ヒラリーとスティーブの代わりに、次に私のハウスメイトになる二人は、二十六歳《さい》のアメリカ人の女の子と二十三歳《さい》の台湾人《たいわんじん》の女の子だと言う。

「元気でね」

私は、ヒラリーに最後のお別れをした。

「私、ヒラリーとスティーブにいろんなこと教えてもらった」

「ミカと一緒《いっしょ》に住んで楽しかったわ。感謝祭にはオレゴンに遊びに来てね」

「ヒラリーなら、きっと人気者の先生になると思う。頑張《がんば》ってね」

そして、私たちは抱擁《ほうよう》を交《か》わしながら、肩《かた》ごしにつぶやいた。

「アイウィルミスユー（寂《さび》しくなるね）」

ヒラリーが発《た》った日の夜、私はいろいろなことを考えて眠《ねむ》れず、次の日起きたのは昼近くになってからだった。

「そうだ、あの二人だって頑張《がんば》ってるんだから、私も気合いを入れなきゃ！　こんなグータラなことじゃダメだ！」

奮起した私はベッドから飛び起きると、すぐさまシャワーを浴びた。

サッパリしてシャワー室から出て来ると、キッチンのほうから何やら良い香《かお》りが漂《ただよ》ってくる。軽やかな鼻歌まで聞こえてくる。

「うわ〜、おいしそうな匂《にお》い。オムレツだ！」

喜んだのも束《つか》の間《ま》、私は恐《おそ》ろしいことに気がついた。

そうだ、スティーブもヒラリーももうとっくにこの家にはいないんだっけ。

だとすると、一体あれは誰《だれ》？　あの鼻歌は確かに男の声だ。

夢を見ているのだろうか。おいしいものに囲まれた人生を送りたいという潜在《せんざい》意識が生んだずうずうしい夢。

あれこれ考えていると、キッチンから鼻歌の主が出てきた。

私はあっと息をのんだ。

スティーブ顔負けのイケメンブロンドが、オムレツのお皿を手に微笑《ほほえ》んでいたのだ。

「ハーイ」

彼《かれ》はニコニコして言った。

「ハーイ」

私もつられて歯を見せた。

何が何だかわからなかったが、とりあえずオムレツはおいしそうに湯気を立てていたし、私はおなかがペコペコだった。今はもうそれだけで十分ではないか？

そのときだった。正面玄関《げんかん》のドアが開いて、今度は黒髪《くろかみ》の青年が入ってきた。こちらもかなりのイケメンだ。

おおジーザス！　一体全体、何が起こったのですか？　この突然《とつぜん》の幸運は！　私が目を丸くしていると、黒髪《くろかみ》の青年の後ろから女の人が現れた。腰《こし》までの長いブロンドにスレンダーなボディ。大きな青い瞳《ひとみ》のとても可愛い人だ。

彼女《かのじょ》は私を見ると、ニッコリして手を差し出した。

「あなたがミカでしょう?」

「そうですけど」

「アイアムシーラ。今日からよろしくね!」

「あの、あの人たちは?」

奥《おく》にいる二人の美青年を指差して私が聞くと、シーラは声をひそめて言った。

「スタンにデイビッド。両方とも私のボーイフレンドなの。どういうわけか鉢合《はちあ》わせしちゃった」

「両方ともボーイフレンド?」

「ええ、私に夢中なの」

そう言うとシーラは茶目っ気たっぷりに微笑《ほほえ》み、私はこのチャーミングな新ハウスメイトをいっぺんでスキになった。

私は二人のハンサム君たちと、シーラの荷物を部屋に運《はこ》び込《こ》むのを手伝った。二人は相手よりいかにたくさんシーラの気を引くかということで火花を散らし合い、シーラはそんな二人をからかって楽しんでいた。

「シーラはどんな料理が好き?」

何か作ってあげようと聞いてみると、シーラは少し考えてから、

「う〜ん、ミソが入ってるもの以外なら何でもＯＫよ。私ミソが嫌《きら》いだから」

「一緒《いっしょ》に作らない?」

私が言うとシーラはハッキリと一言、

「私、料理作らないの」

「作れないの?」

「ううん、そういうわけじゃなくて、そんな必要ないのよ」

日がたつにつれて、その意味がわかった。

シーラはモテモテなのだ。

毎晩毎晩、違《ちが》ったタイプの男性から夕食のお誘《さそ》いがかかる。その顔ぶれもさまざまで、アイドルタイプから青年実業家風まで、ひと通り揃《そろ》っている。

イイ身分だな〜。私は明日学校で売るためのチキンを揚《あ》げながらシーラに言う。

「ハブアナイスタイム！」

ヒラリーやスティーブと違《ちが》い、シーラとは年が五歳《さい》しか離《はな》れていなかったため、私たちは結構いろいろな話で盛り上がった。その大半は恋愛《れんあい》についてだ。

シーラは昔からモテモテだったようで、見せてくれたアルバムはまるで美男写真集のようで楽しかった。

「ミカ、英語を今よりもっともっと上達させる方法はただ一つ、アメリカ人のボーイフレンドを作ることよ」

「アメリカ人の男友だちならいっぱいいるよ」

「恋人《こいびと》のほうがベターよ。感情をぶつけ合う相手で練習するのが一番。私がスイス人のカメラマンとつき合ってたときなんかね……」

かくして私たち二人の夜は、シーラの恋愛《れんあい》講座で更《ふ》けていくのだった。

さて、堂々たるプレイガールぶりのシーラにも一つだけ弱点があった。

二カ月にいっぺん、シーラは普段《ふだん》とは全然違《ちが》う行動を取る。ゴミためのような部屋を掃除《そうじ》し、スパッツを脱《ぬ》ぎ捨《す》て、とっておきのドレスを着る。

その日は、サンタクルズに住む木こりのジェラードが来る日なのだ。

「ねえ、ミカ、今日の私どう?」

「とびきりステキよ。どんな男でもまいっちゃいそう!」

「ジェラードがまいらなくちゃ意味ないわ」

ピンポーン。ドアベルが鳴る。シーラは飛んでいってドアを開ける。

「ハーイ、シーラ、元気だった?」

シーラは何も言わずにジェラードの首にかじりつく。まるで子犬のように彼《かれ》にほっぺたをこすりつける。きれいなドレスはみるみるうちにクシャクシャになっていく。

ジェラードがここを訪ねてきたときだけ行われるこの儀式《ぎしき》。私はそれを、何だか貴《とうと》いものを見るように瞳《ひとみ》の奥《おく》にしっかりと刻《きざ》み込《こ》む。

「ハーイ、ミカ」

片手でシーラを抱《だ》きしめながら、ジェラードが少し照れたように笑って私に挨拶《あいさつ》する。

「ハーイ、ジェラード、元気にしてた?」

「今日はフラットフィッシュ(ヒラメ)を持ってきたよ」

そうなのだ。彼《かれ》の本職は木こりだが、それ以外のほとんどの時間を趣味《しゅみ》のダイビングに費やしている。透明《とうめい》な海の底に潜《もぐ》り、モリを使ってサカナをとる。無造作に額にかかる彼《かれ》の髪《かみ》の色が抜《ぬ》けきっているのはそのせいだ。

「産地直送のヒラメ! うわ~、感激!」

私が学校で売っているホカホカ弁当のおかずは、チキンやポークなど肉類の揚《あ》げ物《もの》ばかりなので、サカナは久しぶりだ。

「今夜は、ボクがおいしいヒラメのガーリックソテーを作るから、ミカも一緒《いっしょ》に食べようね」

料理上手のジェラードは、そう言って片目をつぶってみせる。体がガッシリしているわりに童顔の彼《かれ》は、シャイでとても魅力的《みりょくてき》。シーラが夢中になるわけである。

その夜、私たちはジェラードの作ったヒラメのソテーを食べた。材料が新鮮《しんせん》なせいかとてもとてもおいしい！　私は見つめ合う二人のスキを狙《ねら》ってどんどんおかわりをした。

四〜五日の滞在《たいざい》の後、ジェラードは再びサンタクルズに帰って行く。

シーラは、とても寂《さび》しそうだ。

「また来るよ」

そう言ってジェラードは、たくさんのキスでシーラを慰《なぐさ》める。

私もジェラードを見送りながら、「今度来るときはマグロかタイがいい」などと言って、シーラの冷たい視線を浴びるのだった。

「ほんとの恋人《こいびと》はジェラードなの？」

シーラに聞いたことがある。

その夜は珍《めずら》しくシーラが家にいて、二人でアイスクリームを食べながら、リビングで映画を観ていた。

シーラはアイスクリームを食べる手を休めて、スプーンをじっと見つめた。

「ミカは恋人《こいびと》ってどういうものだと思う?」

「えっ……。やっぱりお互《たが》いにとって一番スキな人じゃない?」

「私はジェラードが一番スキ」

「うん、二人とも見ててすっごく幸せそう。でもほかにもボーイフレンドがたくさんいるのはどうして?」

シーラは少し考えていたが、フッと小さく微笑《ほほえ》んで言った。

「ジェラードは、女の子よりも海に潜《もぐ》ることに夢中な人なの。私といるときだって上《うわ》の空《そら》のことが多いんだから。彼《かれ》の心をつかもうと、いつも必死になってもがいているのは私だけよ」

大きな青い瞳《ひとみ》をうるませてシーラは言う。いつも男の子たちに囲まれて華《はな》やかなイメージのシーラの脆《もろ》い部分がチラリと見えて、なんだか胸がチクリと痛んだ。

「溶《と》けちゃったね。アイスクリーム」

私がそう言うと、シーラは泣くのをやめて微笑《ほほえ》み、私たちは冷蔵庫からワインクーラーを持ってきて映画の続きを観た。

シーラとの別れは九カ月後にやってきた。

それでも四カ月しか一緒《いっしょ》に暮らさなかったヒラリーやスティーブに比べると、私たちはずいぶん長いこと生活をともにしたことになる。

感謝祭やイースター、たくさんのイベントを一緒《いっしょ》に祝った。クリスマスには私やジーン（もう一人のハウスメイト）の友だちにシーラの取り巻きボーイズや同僚《どうりょう》が揃《そろ》い、盛大なパーティを楽しんだ。

そして季節は巡《めぐ》り、再び春が来たとき、シーラは決心を固めた。

「えっ、水族館をやめるの？」

一緒《いっしょ》にイースターの飾《かざ》りを片づけているときだった。

「うん、仕事を一時やめて世界一周旅行に行くわ。少しずつ貯金してたお金を全部おろしてね」

「ジェラードと？」

「ううん、親友と二人よ」

「どのくらい行ってるの？」

「一年から一年半かな。まだハッキリ決めていないんだけど」

「その後、またここに帰って来るの？」

「ううん、もうここには帰って来ないわ。どこか別の土地で仕事を探して新しい生活を始めるつもりよ」

「水族館の？」

「きっと違《ちが》うわ。サンタクルズの大学で大好きな生物学を一所懸命《いっしょけんめい》勉強して、水族館の仕事についたけど、何か違《ちが》うのよ。見かけより体力のいる仕事だし、毎日必死になっているうちにどんどん時間が過ぎていく。怖《こわ》いのよ。このまま年をとっていくのかと思うとすごく……。仕事を始めたばかりのときに持っていたもの、ピカピカのバッジみたいに私のなかに存在していたものがどこかに消えてしまった。あれは私自身だったのね……」

シーラもまた、ヒラリーやスティーブたちと同じだった。二十六歳《さい》という年齢《ねんれい》になって、これまで築き上げてきた今までの人生と今の自分とを振《ふ》り返《かえ》り、見つめ直す。

そしてそのときの自分の生き方に少しでも疑問を感じたら、潔《いさぎよ》くスタート地点にもう一度戻《もど》って初めからやり直す。いくつになってもどこへ行っても、少しでも疑問を感じたら彼等《かれら》はためらわず、何度でもスタート地点に戻《もど》ってみる。

何から何までやってくれる取り巻きボーイズたちに、魅力的《みりょくてき》な恋人《こいびと》。はたから見れば何不自由ない幸せな生活を送っているかのように見えたシーラ。彼女《かのじょ》はそういう楽な生活をすべて手放して、心のなかにずっと居座《いすわ》り続けていたクエスチョンマークときちんと向き合った。

魅力的《みりょくてき》なお姉さん的存在だったシーラとの別れはひどくつらかったけれど、私はシーラのチャレンジはきっと素晴らしいことなのだと信じようと、心のなかで呟《つぶや》いた。

「グッドラック」

心からの。

それから後はもう大変だった。

取り巻きボーイズたちが入れ替わり立ち替わり、シーラを訪ねて家にやって来る。

ところが、当のシーラは、さっさとジェラードと二人で最後の短期集中デート、二週間のキャンプに出かけていた。私はそのたびに、かわいそうな取り巻きボーイズに、シーラはいないと伝え、落《お》ち込《こ》む彼等《かれら》に慰《なぐさ》めの言葉とホカホカ弁当の売れ残りを持たせて帰した。

四人のハウスメイトのうちでも、台湾人《たいわんじん》のジーンとはもっとも一緒《いっしょ》に過ごした時間が長かった。

二十三歳《さい》。台湾《たいわん》の大学を日本語の専攻《せんこう》で卒業し、その後ここモントレーにあるインターナショナルスクールの三年に編入してきた。

ジーンを一言で表すとしたら、とにかくメチャクチャにぎやかな女の子だ。

車の修理代で財布《さいふ》が空っぽになった私を、リンゴどろぼうに誘《さそ》ったジーン。

日本語がうまくなりたいという彼女のために、私は高校のときまで習っていたピアノと歌を教えることにした。

まったくピアノの心得がないジーンであったが、結構ふざけながらやっていたせいか、楽しい楽しいと言いながらメキメキ上達していった。

語学をやるならその国の歌を覚えると上達が早い。私はジーンに簡単な日本の歌を教え、ジーンは私に中国語の歌を教えてくれた。

そんなふうにして、私たちは急速に仲良くなっていった。

ジーンは人一倍ホレッぽく面食いで、しょっちゅう誰《だれ》かに熱をあげていた。

「スイス人のステファンってすっごいイケメンなの！　まるで王子様よ」

「やっぱり白人って美形よねえ、ミカ！　この前パーティに来ていたレンニーなんてサイコーだった」

なかでもジーンがもっとも熱をあげていたのは、白人のアンディという男の子だった。ジーンが学校から帰って来ると、もうその話で持ち切りだ。

「ミカ！　今日アンディと目が合っちゃった」

「大ニュース！　ミカ、どう思う？　昨日パーティの帰りアンディの車で送ってもらっちゃったの！」

「ジーンだけを？」

私が聞くとジーンは口を尖《とが》らせて、

「ううん、タイ人のユパも一緒《いっしょ》だった。ほんとあの子気がきかないったらないわ！私たち二人の雰囲気《ふんいき》ぐらいわからないのかしらねえ？」

しかし、ジーンは常に興奮気味だったが、肝心《かんじん》のアンディはジーンが自分に想いを寄せているとは知らないようだった。

それでもジーンは彼《かれ》の行動に一喜一憂《いっきいちゆう》し、昨日は優しかったのに今日は冷たいなどと愚痴《ぐち》をこぼし、私はそのたびに得意のタロットカード片手にジーンの相談にのってやった。

ジーンはまた、子供のように感情の起伏《きふく》が激しかった。

ある晩ジーンが学校の友だちとクラブへ行き、私はヤッホーと手を叩《たた》いた。

こんなときこそ苦手な化学のテスト勉強をやってしまおう！

すると、ものの二時間もたたないうちに電話のベルが鳴った。

「ハロー？」

出てみるとジーンの涙声《なみだごえ》。

「ミカ、私もうダメ！」

「何？　ジーン泣いてるの？　どうしたの？」

「わかんな～い！　家に帰りたいよう、ミカ～ッ！」

「ジーン、酔《よ》っているんでしょう？」

「酔《よ》ってなんかいないも～ん！」

私は嫌《いや》な予感に包まれた。ジーンは酒ぐせが悪い。

「ミカ～、迎《むか》えに来てよお～っ！」

そーら来た！　いつものパターンだ。

「とにかくジーン、車で来てる子に送ってもらいなさい。誰《だれ》かいるでしょ？」

「あいつらは血も涙《なみだ》もない人種よ」

「私、来週化学の試験。これ、絶対落とせないの」

「ミカが化学だって？　ギャハハハー！」

まったく取りつく島もない。

結局、状況《じょうきょう》がよく呑《の》み込《こ》めないまま、ジーンを迎《むか》えに行くハメになった。

なにしろジーンは放っとくと何をしでかすかわからない。一度など何を思ったのか警察にTELしてしまい、家にいた私と友人はいきなりやってきた雲つくような大男のポリスに震《ふる》え上《あ》がったのだ。

私はジャケットを引っ掛《ひか》け外へ出ると、車のエンジンをかけた。

「まったく！」……エンジンを暖めながら私は呟《つぶや》いた。これではまるで女版アッシーではないか。一体私ははるばるここアメリカまでやって来て何をやっておるのだろう？

ジーンの友人の家に着くと、門の前にジーンが待っていた。大きく胸の開いたタンクトップに超《ちょう》ミニのスカート。ニューヨークだったらすぐ夜のお仕事と間違《まちが》えられる格好だ。

ジーンは私の顔を見るなり走り寄り、私に抱《だ》きついた。

「ミカ～ッ、来てくれたの～？」

「何言ってんの、自分で呼んどいて」

「だってえ、心細かったんだよう！」

　ジーンがまた鼻をすすり始めたので、私はここで泣かれちゃかなわんとばかりに、

「わかったよ。わかったから早く乗って」と、慌《あわ》ててジーンを車に押《お》し込《こ》んだ。

「まったくもう！　いったいどうしたっていうわけ？」

　ジーンの話によれば、皆《みな》でクラブに行ったのは良いけれど、ジーンが早く踊《おど》ろうと言っても「後で」と断られたのでガッカリしてトイレに行った。ところが、トイレから出て来てみると、なんと、みんなフロアで踊《おど》っていたというのだ。

「それでどうしたの？」

　私が聞くと、ジーンは涼《すず》しい顔で答えた。

「うん、あたりかまわず泣《な》き叫《さけ》んだの」

　自分抜《ぬ》きで皆《みな》が楽しそうに踊《おど》っているのを目《ま》の当たりにしたジーンは、あまりのショックに大声でわめきながら外に出た。そして電話でタクシーを呼び、タクシーのなかで再び号泣《ごうきゅう》した。そのあまりのうるささにどうしたのかと尋《たず》ねる運転手をつかまえ、今度は彼《かれ》をさっきのクラブに連れてってさんざん踊《おど》りまくり、皆《みな》に文句を言いまくったという。

「文句を？」

私は聞き返した。

「うん、みんな反省するべきだもの。私にあんなことしてさ」

「ワガママね、ああ、その場にいなくて良かった」

「そう？　でも良かった、ミカにTELして。タクシーの運転手が家に来いってしつこいし」

「あのねえ〜……」

私は頭痛がしてきた。

「ねえジーン、みんなと一緒《いっしょ》のときはともかく、一人で夜歩くのにその格好は危ないよ。それに団体でいるときに一人で勝手に外に出たらみんなが心配するよ。ちゃんと明日あやまっときなよね」

「うん。わかったよ、ミカ」

ジーンは私の前だと妙《みょう》に素直なのだ。

「ついでに言うとねえ、アッシー君はもう御免《ごめん》だよ」

「アッシー君？　何それギャハハハ！」

大口を開けて笑いながら、いつの間にかジーンはグーグー眠《ねむ》ってしまうのだった。

時計を見ると、一時過ぎだった。

オオ、ジーザス！　せめてCを、いやBをどうかどうか！

私は今日の分の勉強ノルマをこなせなかった。迫《せま》りくる化学のテストを思い出し、空に向かって十字を切った。

そんなふうにワガママ放題のジーンであったが、ときどきケンカをしながらも私たち二人は結構仲良くやっていた。映画を観たり、ショッピングをしたり、普通《ふつう》の女の子同士がするようなつき合いは、留学でのいろいろなプレッシャーに耐《た》えている私の肩《かた》の力をフッと抜《ぬ》いた。

ときには陽《ひ》の沈《しず》む夕暮れの海岸を散歩しながら、二人で何時間でも語り合った。恋《こい》のこと、友だちのこと、将来の夢、人生……。

「台湾《たいわん》にいたときね、ホテルで働いてたの」

ジーンはポツリポツリと話し出す。

「台湾《たいわん》ではね、女の子で大学を出てる子は少ないの。そこでも大卒は私一人だった。そのせいでずいぶんいじめられたよ。仕事のやり方を教えてくれなかったり、みんなでどこかへ行くときに私だけメンバーから外されていたりね」

「妬《ねた》んでたんだよ、ジーンのこと。どこの国でも女の子って一緒《いっしょ》だねえ」

「それでね」とジーンは続ける。

「ある日飛び入りで団体さんが入ったの。日本人のビジネスマン三十人ぐらいかな。ちょうど上の人がいなくて、受付の私たちだけだった。皆《みな》オロオロしちゃって困ってた。私一人で全部やったわ。部屋の割《わ》り振《ふ》りから食事の予約、会議室のセッティングまでね。後で上の人にすっごくほめられた。嬉《うれ》しかったなあ。女の子たちね、すごい目で睨《にら》んでたけど誰《だれ》も何も言えないの。ざまあみろって胸がすっとしたよ」

「いい話だね。何か聞いててこっちまで気分がいいよ。それでそれからは順調だったの？」

「それがね、その直後に上司とケンカしてやめちゃった」

ジーンはペロっと舌を出した。

「どうして？」

「その団体のなかの一人のオジサンがね、姉ちゃん今晩どう？　ってしつこく誘《さそ》うのよ。あれ何よ、一体！　私思わずカーッときて、つい……」

「つい……どうしたの？」

ジーンは怒《いか》りに燃えた目で言った。

「そのオジサンのおでこをひっぱたいてやったわ」

「おでこを？」

「そう、おでこを、手のひらで」

私は涙《なみだ》が出るほど笑った。笑って笑っておなかが痛くなった。

「見てみたかったなあ！」

「それが見てたのよ」

「誰《だれ》が？」

「ボスよ。ちょうど戻《もど》って来たところでね」

「それで？　わけは話したの？」

「うん、でも例のオジサン、大事なお得意さんだったらしくてね、私はコレ」

ジーンは人差し指で自分の首を切る真似《まね》をした。

「そっかあ、でも悪いのはそのオヤジよね、同じ日本人として恥《は》ずかしいよ」

「けど、ミカは違《ちが》うよ。学校にいるほかの日本人の子とも何か違《ちが》う。私より三つも年下なのに、たまに大人の人と話してるみたいな錯覚《さっかく》起こすもん。かと思うとすっごく年相応に危なっかしかったり。私、ミカが大好きだわ」

「そんな……」

私は言葉に詰《つ》まってしまった。女の子にまっすぐ見つめられて、大好きだわなんて言われる。こんな照《て》れ臭《くさ》いことがあるだろうか。しかも英語で！

「どうしたのミカ、顔がまっ赤《か》っ赤《か》だよ」

「だってジーンが急に照《て》れ臭《くさ》いこと言うんだもん！」

ジーンは、ギャハハハと笑った。

そのうちにジーンの顔もまっ赤《か》になった。

「何よ、ジーンだって顔赤いじゃん！」

今度は私がジーンの顔を指差して笑った。

するとみるみるうちに、顔だけでなく、ジーンの首も肩《かた》も赤くなっていった。気がつくと私の手も足も。

「ミカほら、後ろ」

振《ふ》り向《む》くと、日没《にちぼつ》が始まっていた。

私たちは黙《だま》って岩の上に腰《こし》をおろすと、海に向かってヒザを抱《かか》えた。

空を燃えるような茜色《あかねいろ》に染めながら、太陽はゆっくりゆっくり海に溶《と》けていく。そのなかで、私たちの間の二つの国の国境も静かに溶《と》けて消えていくのを、そのとき私たちは確かに感じた。ずっと上のほうの空の濃紺《のうこん》の部分に、金星がポッンと一つ光っていた。

一日の終わり、世界中のすべての人々に訪れる美しい儀式《ぎしき》。

絵にも写真にも閉《と》じ込《こ》められない瞬間《しゅんかん》を二人が同時に味わっていること、ずっと覚えておきたいな。時よ止まれ！

ジーンがふとこちらを見た。ほっぺたが夕陽の反射で金色に染まっていた。

もしかして伝わったのかな。私の今の気持ち。だとしたら最高だ。

ジーンは波の音に負けないくらいの大声で叫《さけ》んだ。

「ミカ〜ッ、トイレ行きたくなっちゃった！」

私は聞こえないふりをした。


十二月になり、秋の学期が終わった。

期末テストでは私もジーンもとても苦しんだが、特にジーンの苦しみようといったら尋常《じんじょう》ではなかった。テスト期間中、ずっとジーンは顔色が悪かった。そしてヒマさえあればキッチンで何か食べていた。

「課題のペーパーをやってもやってもちっとも終わらないの」

ジーンはいつも暗い顔でそう言っていた。

アメリカの大学生は、三年生になるとテストはなくなり、代わりに山のようなレポートが出される。外国人留学生にとってはこれがなかなか大仕事だ。

「もう嫌《いや》っ！ ペーパーなんて放り出して遊びたい、パーティに行きたい！ 踊《おど》りに行きたいよう〜っ」

キッチンで叫《さけ》ぶジーンの横で夜食のラーメンをゆでながら、私は、

「まあそんなに騒《さわ》がないで。今、ラーメンできるから」

とジーンのドンブリ（正確に言うとスープ皿）にも気前良くラーメンを盛りつけてやり、一緒《いっしょ》にリビングで食べるのだった。

「ねえねえ、勉強の息抜《いきぬ》きに食べるラーメンって、なんでこんなにおいしいんだろうね！」

私が笑いかけても、ジーンはブツブツ言い続けていた。

「あ〜あ、ペーパーなんて大っ嫌《きら》い！　政治学のハゲ教授も大っ嫌《きら》い。私は踊《おど》りたいの、踊《おど》り狂《くる》いたいんだよお〜っ」

「私、続きやるわ。二人でもうひとふんばりしようよ。それとどうしても踊《おど》りたくなったら庭を使っていいよ。ただし、音楽なしでね」

そして私は部屋に戻《もど》って勉強の続きを始めた。リビングを出るとき、背後からジーンの「ミカは何もわかっちゃいないんだ！」という叫《さけ》びを聞いたような気がしたが、

無視した。人間ガマンが肝心《かんじん》だ。

そしていよいよ期末テストも終わり、待ちに待った冬休みがやってきた。ジーンの喜びようはこれまた尋常《じんじょう》ではなかった。

テストが終わった日、ジーンは学校から帰って来るなり私の部屋に駆《か》け込《こ》んできた。

「ミカァ〜〜〜ッ！」

「テスト終わったんだね。頑張《がんば》ったね、ジーン」

私はモントレーの短大を卒業後、ジーンのいる大学に編入して国際関係論を勉強するのもいいなあなどと考え始めていた。

このことを話すと、ジーンは飛び上がって喜んだ。

「それ最高！　ミカと同じ学校に通えるなんて！　紹介《しょうかい》したい人が山ほどいるよ。そしたらずっと一緒《いっしょ》に暮らそうね。やっぱり暮らすなら一番気の合うもの同士じゃなきゃね！」

ジーンがあんまり素直に喜ぶので、私もつられてウキウキした気持ちになってきた。

友だちを見つけるのはそう難しくはないが、一緒《いっしょ》に住むハウスメイトを見つけるのは本当に難しい。どんなに仲良しだった友だち同士でも、日常の生活レベルでうまくいかないと友情に大きな亀裂《きれつ》が走る。勉強にだって差《さ》し支《つか》える。

日本人同士、大勢ナアナアで一緒《いっしょ》に暮らし、みるみる成績が下がり、しまいにはマジメに勉強するのがバカらしくなってしまった人。ワガママで感情の起伏《きふく》の激しいアメリカ人ハウスメイトと住み、たび重なる大ゲンカに疲《つか》れはてて日本に帰りたいとため息をついていた人。

なかには、ハウスメイトがコカイン中毒で、家の中をさんざん荒《あ》らされたあげく銀行の口座からお金を引き出された人もいて、日本にいるときと同じ感覚で暮らしていくことがどんなに危険であるかをつくづく思い知らされた。日本にいるときのように、何も言わなくても気持ちが伝わるなどと思っているとイタい目にあうのが留学だ。

その点、ジーンとなら安心だと私は思った。多少ワガママだけど、お互《たが》い思ったことは何でもストレートに言い合える仲だし、きっとうまくいくだろう。

問題は何もないかに見えた。ところが、ところがである。最後の最後、思いもかけなかったドンデン返しが起きたのだ。

それは五月の終わり、春の学期末テストの準備に追われ、ジーンも私も悲鳴をあげているときだった。私が自分の部屋で翌週のスペイン語のテストのために必死で単語をカセットテープに吹《ふ》き込《こ》んでいると、コンコンとドアをノックする音がした。

ドアを開けると、ジーンが立っていた。

「あら、ジーン。セニョリータ、コモエスタ（お嬢さま、こんばんは）？」

いつもならふざけてのってくるのに、ジーンはいつになくマジメくさった顔で私を見ていた。

「ミカ、話があるの」

「どうしたの急に？　とにかく入んなよ」

私はジーンをベッドの上に腰掛《こしか》けさせ、作りかけていた睡眠《すいみん》学習用のテープのスイッチを止めた。

「何？　何かあったの？」

「うん……」

ジーンはうつむいたままだった。

「また恋《こい》わずらい？」

「ううん」

「ペーパーに行《い》き詰《づ》まったの？」

するとジーンは初めて顔をあげると言った。

「ペーパーはもう書かなくていいの」

「へえっ、もう終わったの？」

私が羨《うらや》ましがるとジーンは首を横に振《ふ》って、

「違《ちが》うの。途中《とちゅう》でやめるのよ」と言った。

「どういうこと？」

「もう学校やめようと思って」

「ええっ！　どうして？」

「向いてないのよ。ペーパー書いたりすることが。苦痛しか感じないの。だから、もうおしまいにするわ」

「だってジーン、やっとこれで一年が、半分が終わるんだよ。あと残り一年だけじゃない！」

するとジーンは小さく笑って、

「そんなことわかってる。でもダメなのよ。これで限界なの」

私はどうしても納得いかなかった。

「だって頑張《がんば》ってたじゃない、今までずっと頑張《がんば》ってここまできたんじゃない！　今やめたらもったいないよ。言ってたじゃない、うんと勉強して台湾《たいわん》のホテルの嫌《いや》な上司や女の子たちをアゴで使ってやるんだって！」

ジーンは黙《だま》っていた。私は構わずに続けた。

「一緒《いっしょ》に暮らすって言ったじゃない、秋になったら私が頑張《がんば》ってジーンの学校に編入して……」

「ミカ」ジーンがさえぎった。「もう決めたのよ」。

その言葉の響《ひび》きから、私はもう何を言ってもムダだと悟《さと》り、口をつぐんだ。

沈黙《ちんもく》が私たち二人の上に下りてきた。

しばらくすると、ジーンが静かに話し始めた。

「もういいのよ。わかったのよ私。書いても書いても終わらないエッセイを前にしながら、自分がこの国へ何をしに来たのかずっと考えてた。やっとわかったのよ」

「何だったの？」

「自信よ」ジーンはキッパリと言った。

「自信？」

「そうよ。私、兄弟のなかで女の子一人だったからすっごくチヤホヤされて育ったの。きちんと両親の言うことを聞いておとなしくしていれば、欲しいものはなんでも買ってもらえた。でもね、そのツケはきちんと回ってきたわ。大学を卒業する頃《ころ》になって、私が将来こうしたい、ああしたいと言い始めたときに、両親の態度がガラッと変わったの。私は働きたかったの。そしたらお前にそんな能力はない、卒業したらいい相手を見つけてお嫁《よめ》に行けって。無視してホテルで働き始めたけど、例の件でクビになったら、そら見たことかって……」

「ひえ〜っ、日本の封建《ほうけん》時代みたい！」。私は叫《さけ》んだ。

「両親としては、私に普通《ふつう》の女の子の道を歩んで幸せになってほしいと思ったらしいけど、私はそんなのまっぴら御免《ごめん》だった。だから父に頼《たの》み込《こ》んで、就職の代わりにやっと留学を許してもらったの。あのまま両親のそばにいたら、きっと私の持ってる才能なんて発揮できなかったわ」

お前には能力がない、才能のカケラもない。自分の子供をそんなふうに言う親のもとに生まれたら、普通《ふつう》の子よりずっとずっとハンディを背負って大人になる。親に少しずつ植えつけられた「自分はダメだ」いう思《おも》い込《こ》みは、重い荷物のように子供の肩《かた》にのしかかり、一人で歩けなくしてしまう。

「でもわかったの。一人でこの国に来て、両親も守ってくれる家もなくて、でもちゃんとやれるんだって。もう両親の陰《かげ》に隠《かく》れてビクビクしないでもいいんだってね」

「ビクビク？　ジーンが？」

私がビックリして聞き返すと、ジーンは照れながら、

「信じられないかもしれないけど、私、台湾《たいわん》にいた頃《ころ》はすっごく引《ひ》っ込《こ》み思案《じあん》でイジケた女の子だったんだよ」

「今は自信がついたってわけか」

「うん、だから台湾《たいわん》に帰って一人暮らしをして働きたい」

「帰るの？」

「私にとって一番つらい決断だったよ。だって、ミカともう一緒《いっしょ》に住めなくなるから……」

「やだ、ジーンってば先に泣かないでよ」

ジーンの目から大粒《おおつぶ》の涙《なみだ》がポトポトとシーツの上に落ちた。私は隣《となり》に座《すわ》って彼女《かのじょ》の背中をポンポンと叩《たた》いてやった。

「アメリカに来る前は日本人が大っ嫌《きら》いだった。働いてたホテルで日本人のオジサンに誘《さそ》われたときからずっと。成り金で自分勝手で礼儀《れいぎ》知らずな人種だって思って、吐《は》き気《け》がするほど嫌《きら》いだったんだよ。でも今は違《ちが》う。優しい人たちもたくさんいるってわかったし。ミカに会えたことは私の留学生活のなかで一番の宝物よ」

そこまで言い終わると、ジーンは子供のようにオイオイ泣き出した。

私もいつの間にかポロポロ涙《なみだ》をこぼしていた。

「大丈夫《だいじょうぶ》だよ、ジーン。きっと帰ったらいろんなものが今までとは違《ちが》って見えると思うよ。きっとうまくいくよ、ほんとにうまく……」

泣いているジーンを一所懸命《いっしょけんめい》に慰《なぐさ》めようとしたのだが、自分も泣いていたので途《と》中《ちゅう》から何が何だかわからなくなった。

ひとしきり泣くと、ジーンは「もう寝《ね》る」と言って部屋に戻《もど》っていった。

それからテストの日まで、私は例のごとく狂《くる》いそうに忙《いそが》しかったが、ジーンのほうはさっさと学校に退学届けを出して、いち早く自由の身になっていた。

ジーンの学校は小さかったために、ジーンがやめるという噂《うわさ》はあっという間に広がったらしく、毎日たくさんの人から問い合わせが殺到《さっとう》した。ジーンはそのたびにいろいろとわけを説明していたが、中傷《ちゅうしょう》もかなりあったらしい。結構親しくしていた女の子から弱虫と責められ、電話の後、一人部屋で泣いていたこともあった。

確かにジーンのやったことは何も知らない人から見れば「逃《に》げ」に映るかもしれな

い。でも少なくともジーンは、今までの弱い自分に勝ったのだ。そして新しいこれからの人生に、今まで持てなかった「自信」を持って立ち向かうと言っているのだ。「上司が気に食わない」「会社の仕事内容がイヤ」と今の不満の原因を全部会社のせいにして、次の目標もなく簡単に会社をやめる若者なんかに比べたら、ずっと立派ではないか！

それでもジーンと私はすでに親友だったし、別れは本気でつらかった。

ジーンも同じ気持ちだったらしく、台湾《たいわん》に帰る日の前夜は夜の九時から明け方まで飲み明かそうということで話がまとまった。

しかし、最後の最後に再び「オーマイガッド！」と叫《さけ》ぶことになろうなどと、一体誰《だれ》が予想したであろうか。

ジーンはその夜、モントレーのダウンタウンにあるナイトクラブ「ローズ＆クラウン」でへべれけに酔《よ》っ払《ぱら》い、夜中の三時に私にＴＥＬ。

親友と過ごした最後の夜、私の配役はあろうことか、女版アッシー君だった。

グッバイC.A.《カリフォルニア》ハローN.Y.《ニューヨーク》

こうして、私のモントレーでの二年間は幕を下ろした。

人種差別に始まって、宗教、教育、ホカホカ弁当、そして、愛、希望……。

「いいなあ～っ。私も留学しようかなあ」。半年ぶりに会った仲の良い友人は私の話を聞きながらこう言った。「だって学校つまんないんだもん」。

何でもコンビニ化しつつある今、留学なんてヒマとお金さえあればハッキリ言って誰《だれ》でもできる。

だからって安心しちゃいけない。留学するのがどんどん簡単になってきている時代には、実はとてつもない落とし穴が隠《かく》されているのだ。

西海岸には何でも揃《そろ》っている。日本の留学生たちは居酒屋に行ってカラオケを歌い、家に帰って今日本で話題のTV番組をDVDで楽しむ。

休みの日には日本食レストランでこっそりアルバイトもできるし、お金さえ出せば高級ゴルフコースでゴルフもできる。

ジャンクフードに飽《あ》き、それでも自分で作るのが面倒臭《めんどうくさ》いなら、これを機会に、あの有名な「M&M印ホカホカ弁当」の会員になるという手もある。

なんて便利なんでしょう。なんて楽なんでしょう！

勉強だって日本人同士手を組めば、テスト前に前回のテスト問題をコピーすることもバッチリだ。

そんなことを繰《く》り返《かえ》すうちに、あっという間に月日は流れ、ふと気がつけばもう卒業だ。日本に帰れば〝アメリカの大学卒業〟の肩書《かたが》きが待っている。

そして、そこまできて初めて、このコンビニ留学が持っている怖《こわ》～い落とし穴がパックリと口を開ける。

「日本ではできないような良い経験をたくさんすることができました」

「一人で何でもやったため、独立心が養えました」

「外国の友だちがたくさんできて、国際性が身につきました」

留学してどうだった？と聞くと、誰《だれ》もがこんな答えのオンパレードだ。

留学して自分のことを自分でやるなんて、これ、当たり前。ましてや外国へ行けば、外国人の友人ができるのも、これまた当たり前。一人もいないなんてほうが珍《めずら》しい。

大切なのは、そういう当たり前のことをどれだけ深く掘《ほ》り下《さ》げて自分の中に浸透《しんとう》させ、そこから自分の越《こ》えたいバーの高さをどこに決めるかだ。

ここに書いたようなことは、留学生にとってはべつに珍《めずら》しいことではない。生まれ育った国とは全然違《ちが》う異国の地に来ているのだから、ビックリすること、ギョッとすることなど、いくらでも転がっている。「オーマイガッド！」なんていうセリフ、何百回口にしたことか。

ただしそこに隠《かく》されたメッセージを見つけ出せるかどうかは本人の腕《うで》次第。その人の留学成功度はここで決まる。

こうなりたいと思うだけなら誰《だれ》にでもできる。自分を変えたいのなら、どう変えたいのか。自由の国アメリカで、自分にとっての自由とは何を指すのか。答えをはっきり持っていないとすぐにイージーな雰囲気《ふんいき》のなかで自分を見失ってしまうのがこのコンビニ留学の恐《おそ》ろしさだ。

カリフォルニアでいろいろな人たちに会った。ステキな人たちともたくさん知り合えた。しかし日本人も、アメリカ人も、メキシコ人も、マレーシア人も、皆《みな》同じだ。しっかりと自分の生き方に責任を持っている人と、流されていくことに理由をつけながらイージーに生きている人の二通りに分けられる。

どんどん留学が簡単になっている時代は、実は、どんどん留学が難しくなっている時代なのだ。

流れに身を任せるのは簡単だ。手も足もダラリと伸《の》ばして、何も考えずに、ただ、どこかにたどりつくのをボンヤリ待てばいい。けれど、頭をしっかり水から出して、目的地を見つめながら、流れに呑《の》み込《こ》まれないようにしっかりと手足を動かすことは楽じゃない。水もかぶるし、足もつる。

いったいどこの誰《だれ》が、立ち泳ぎで十分息ができる水の中を、わざわざバタ足で体力を消耗《しょうもう》しようとするわけ？　どっちにしたって岸には着けるんだしぃ。

そういう難しさなのだ。

留学中、私のまわりには、生き方美人がたくさんいた。

男社会の韓国《かんこく》で、将来仕事を見つけ自立したいと熱心に勉強していた韓国人《かんこくじん》のキム。テスト前にはプレッシャーで吐《は》きそうになると言っていた。でも私はテスト前の彼女《かのじょ》の緊張感《きんちょうかん》で引《ひ》き締《し》まった表情がとてもスキだった。

「Bではダメ、Aじゃなきゃ。東部の良い大学に編入して卒業しなかったら、韓国《かんこく》でのワーキングウーマンの道は閉ざされるわ。女で仕事を持って自立するという私の夢がね」

そういうとき、いつもはおっとりしていてめんどくさがり屋のキムの顔が、一瞬《いっしゅん》厳しい表情に変わる。キリリと輝《かがや》いて思わずはっと見入ってしまう。

きっかけはそれぞれ違《ちが》っていたけれど、全員が、越《こ》えるためのバーを、今よりもっと上の位置にセットし直し、再び歩き始めた私のハウスメイトたち。

スティーブが北へ行くと言ったときの、珍《めずら》しく男らしかったあの表情。ここは私のいる場所じゃないわとキッパリ言い切り、オレゴンへ旅立ったときのヒラリーのすがすがしい表情。そして、「もうビクビクしないわ。自信がついたもの」と笑ったジーンの笑顔は、抱《だ》きしめたいほど愛らしかった。

大人になるということは、自分のことを人任せにしないこと。自分の人生に対してきちんと責任を持つということだ。

ある朝、メイルボックスを見ると台湾《たいわん》から手紙が届いていた。

「Dear MIKA……

ハーイ、元気？　私はとても忙《いそが》しいよ！　秘書の仕事をしています。厳しいけど親から離《はな》れて自活できたことは大きいです。これからは目一杯《めいっぱい》自分の人生を

楽しむからね！　一つだけ残念なのはモントレーにいた頃《ころ》片想いしてた彼《かれ》のことが忘れられないの。台湾《たいわん》には彫《ほ》りが深い顔の男の子がいなくてつまんないよお！」

一枚のハガキは私を微笑《ほほえ》ませた。

ハガキの下のジーンの名前の横にはニカッと笑った似顔絵があり、彼女《かのじょ》の選択《せんたく》が間《ま》違《ちが》っていなかったことを物語っていた。

よおし、私も頑張《がんば》るぞ！

モントレーでの二年は終わり、大切な人たちは皆《みな》、自分たちの次なる目標に向かって歩き始めようとそこを去っていった。

さて、この私はこれからどうしたものか。

一年中、ポカポカと暖かく、日本人にとって何から何まで便利なものが揃《そろ》っているカリフォルニアは、まるで東京の町のようで少々退屈《たいくつ》してきた。

東へ行ってみようか。ふとそんな考えが頭をよぎった。

「東部は、西部と比べ教育レベルが断然高いのよ」。ニューヨークに住む知り合いのＴＶプロデューサー、アンは東京に来たとき、私に向かってこう言った。

「カリフォルニアは確かに気候もいいし住みやすいわ。でも若いうちは長くいてはダメ。イーストコースト、特にニューヨークは文化レベルがすごく高くて刺激《しげき》に溢《あふ》れている街。西海岸にはないものが見つかるわ。必ず視野が広がるはずよ」

ニューヨーク。いいものも悪いものもすべて引っくるめて受け入れてしまう街。気候は厳しく、冬は真っ白な雪に覆《おお》われる。あらゆる価値観のるつぼ。私にはどんな表情を見せてくれるだろうか。

学校も、必死で高いレベルのところに転《ころ》がり込《こ》めば、きっと優秀《ゆうしゅう》な人たちとたくさん会えるだろう。勉強ができるという意味ではなく、人生に対して真摯《しんし》に向き合う人たちという意味で。

答えはもう決まっている。

前から行きたかった大学が、ニューヨークの郊外《こうがい》にある。レベルが高くて、あきらめてしまっていたけれど、もう一度そこを狙《ねら》ってみようか。

「え～っ、ニューヨーク？　映画みたいに撃《う》たれたりしたらどーすんの？」

「ニューヨークって広いのよ。マンハッタンだけじゃないんだから」

「ミカは寒さに弱いじゃない。あんな気候が悪いところ、大丈夫《だいじょうぶ》かなあ〜」

「大丈夫《だいじょうぶ》よ、ちゃんとホカロン持ってくもん」

「ミカちゃん、お料理できたっけ？　なんか餓死《がし》しちゃいそう！」

「私がカリフォルニアで何を売ってたか、さては知らないな」

友人たちの数々の忠告を聞き流しつつ、わざとその人たちの前で『TOEFL®600点を目指して！』という本を嫌味《いやみ》ったらしく広げる私であった。

バーの位置は決まった。二年かけて私が出した答えだ。

二年の間に知り合ったたくさんのステキな人たち。その人たちと一緒《いっしょ》に過ごしたキラキラ光る思い出が、これからの私の勇気になる。立ち止まりそうになったらきっと背中を押《お》して励《はげ》ましてくれるだろう。

少しくらいのつらいこと、悲しいことは元気に笑い飛ばしてしまおう！　カリフォルニアにいた頃《ころ》のように。

どんなことも見方一つで万華鏡《まんげきょう》のように形を変える。それならば、自分が愉快《ゆかい》な気持ちになるように心を開いて受け止めていこう。

今日より明日の、五年後、十年後の自分は今よりもっともっとステキに輝《かがや》いていると信じて。

そう、ポジティブに！

ニューヨークに行っても、どこへ行っても。

そして私はモントレーに向かって心からありがとうを言おう。澄《す》んだ海と鳥たち、そしてアザラシにも！　体で感じた美しい自然は何年たっても私の記憶《きおく》のなかに生き続けるだろう。その証拠《しょうこ》に、この二年間の出来事のどれを思い返してみても、風景のなかにはいつも当たり前のように海が現れる。波の上すれすれに飛ぶ鳥たちや、岩に寝《ね》そべるアザラシたちの哀《かな》しげな鳴き声が。

グッバイカリフォルニア、ハローニューヨーク！

私の人生の旅はまだまだ続く……。

あとがき

「アメリカンドリーム」という言葉がある。育った環境《かんきょう》や肌《はだ》の色、性別などにかかわらず、情熱と努力でチャンスさえつかめば成功し、素晴らしい人生を手にできるのだ。

扉《とびら》は誰《だれ》にでも平等に開かれていて、毎日たくさんの人々が、次は自分かもしれないという期待を胸にこの地を目指してやって来る。私もそのなかの一人だった。

カリフォルニアの夏。一九九〇年のモントレー。アメリカは甘《あま》い夢だった。TVや映画に出てくる同世代の若者は、日本の私たちよりも自由に見えたし、ディズニーランドもハリウッドも、大学構内の芝生《しばふ》の上で教科書を広げるさまざまな国籍《こくせき》の学生たちも、すべてがまぶしかった。

若者にかけられる言葉が「自己責任」ではなく「自己実現」だった頃《ころ》。自分より大きなスーツケースを持ってサンフランシスコの空港に降《お》り立《た》ったあの日、不安よりもこれから何かが始まるという気持ちでわくわくしたのを覚えている。私の目の前で、信号はどこまでも青に見えた。そしてそれは本当だった。

おそらく日本にいたら想像もつかなかったようなたくさんの出来事が次々と起こり、あっという間に十年たった。俳優を目指していた私は途中《とちゅう》で専攻《せんこう》を変えてニューヨークに移り、学校を変え、ダンスを始め、恋《こい》をしたり友だちを作ったり、出会いと別れを繰《く》り返《かえ》しながら夢に向かって走り続けた。

このまま一生アメリカに住もうと決めた十一年目、ニューヨークで同時多発テロが起きた。当時、隣《となり》のビルで惨事《さんじ》を目《ま》の当たりにした私は、それについて真実を伝えないマスコミに失望したが、それがきっかけで自分がジャーナリストになってしまった。

政府が行きすぎた民営化によって国の土台を崩壊《ほうかい》させ、国民が下層に転落してゆくアメリカの姿を描《えが》いた『ルポ貧困大国アメリカ』（岩波新書）を書いたとき、ある新聞の書評はこう書いた。「アメリカンドリームなど、もはや存在しないのだ」。そして人々は聞いてくる。「あんな経験をした後で、なぜ今もまだあの国に行くんです？」。そう、私は今も年に数回アメリカを訪れる。テロ以降暴走し、国際社会からひんしゅくを買い、あらゆる面で貧富の差が拡大し続ける国、今では最も住みにくい先進国だと言われるアメリカに。

一体それはなぜだろう？　今年四月、ボーイング８３８便の座席の上で私はそのことを考えた。テロのショックにもめげず、何故《なぜ》いまだにアメリカはこんなにも私を惹《ひ》きつけるのか？　窓の外に目をやると、高度を下げた翼《つばさ》の下に西海岸の街並みが広がっていた。昔と同じ、鮮《あざ》やかな木々の緑色とそれを縁取《ふちど》るロイヤルブルーの海。私が過ごした二年近くが風に吹《ふ》かれていた。

それを見たとき気がついた。あのときここで手にしたものは、今も私のなかにちゃんとある。忙《いそが》しく過ぎる日常のなか、消えてしまったかに思えたけれど、私が一番苦しいときに、ちゃんと背中を押《お》してくれていた。

初めてのアメリカ生活で大ドジを踏《ふ》み、困り果てる私に差し出された知らないおじさんの優しさや、私を悩《なや》ませたポンコツ車が教えてくれたこと。ちゃらんぽらんに見えるくせに、自分の夢や将来については怖《こわ》いほど真剣《しんけん》なハウスメイトたち。学期中ケンカばかりして、最終日に私を泣かせた意地の悪い白人教師。そうやってさまざまな出来事をくぐり抜《ぬ》けるうちにいつの間にか身についたのは、何があっても大丈夫《だいじょうぶ》だという根拠《こんきょ》のない自信だ。

かけがえのない数々の出会いに教えられた、結果を心配する間もないくらい夢中で走り続けることの意味。どんなに苦しく思えても、未来は必ず変えられる。人生に無《む》駄《だ》なことなんて何一つなく、みんな後でちゃんと役に立つ。アメリカだけでなく世界じゅうどこにいても。

十九歳《さい》のときに私が見ていたアメリカンドリームは、ディズニー映画で妖精《ようせい》が振《ふ》りまく魔法《まほう》の粉のように、きらきらと実体のないものだった。けれど、今振《ふ》り返《かえ》れば本当はどこにでもある道の片隅《かたすみ》から聞こえてくる歌声や、見えない陸を信じ空を飛び続ける鳥たちのように、ささやかだけれどずっと続いていく力、あの国の人々が持つ、底力だったように思う。

そういえば、最初にこの本の帯《おび》に推薦《すいせん》の言葉を書いてくれたのは、私の尊敬するジャーナリスト、筑紫哲也《ちくしてつや》氏だった。そのお礼の手紙に、「父親と同じ職業は嫌《いや》なので俳優を目指します」と書いた私が、今じゃジャーナリストと呼ばれている。

きっと空のどこかで見守ってくれているだろう憧《あこが》れの大先輩《だいせんぱい》筑紫哲也《ちくしてつや》氏と、この本を出版する際大変お世話になったPHP研究所ヤング文芸出版部の阿達ヒトミさん、そして最後まで読んでくれた皆さまに、心からの感謝をささげます。

二〇〇九年七月

堤《つつみ》 未果《みか》

※本書は、堤未果氏の初めての著書『空飛ぶチキン――私のポジティブ留学宣言』（一九九四年・創現社出版）を新たに編集し、改題したものです。

〈著者紹介〉

堤　未果（つつみ・みか）

東京都生まれ。高校卒業後、モントレー・ペニンシュラ・カレッジに学ぶ。その後、ニューヨーク州立大学国際関係論学科学士号取得。ニューヨーク市立大学大学院国際関係論学科修士号取得。国連婦人開発基金、アムネスティ・インターナショナルＮＹ支局員を経て、米国野村證券で勤務中に9.11同時多発テロに遭い、帰国。以後、ジャーナリストとして、執筆・講演・ＴＶ・ラジオ等で活躍中。

『報道が教えてくれないアメリカ弱者革命』（海鳴社）で、第５回黒田清日本ジャーナリスト会議新人賞受賞。『ルポ貧困大国アメリカ』（岩波新書）で、第56回日本エッセイスト・クラブ賞、新書大賞2009を受賞。

おもな著書に、『グラウンド・ゼロがくれた希望』（扶桑社文庫）、『正社員が没落する』（共著・角川 one テーマ21）、『アメリカは変われるか？』（大月書店）などがある。

YA心の友だちシリーズ

はじめての留学
不安はすべて乗り越えられる！
2009年９月７日　第１版第１刷発行
2017年３月７日　第１版第２刷発行

著　　者　堤　未果
発 行 者　山崎　至
発 行 所　株式会社ＰＨＰ研究所
東京本部　〒135-8137　江東区豊洲 5-6-52
児童書局　出版部　☎03-3520-9635（編集）
普及部　☎03-3520-9634（販売）
京都本部　〒601-8411　京都市南区西九条北ノ内町11
PHP INTERFACE　http://www.php.co.jp/
制作協力
組　　版　株式会社ＰＨＰエディターズ・グループ
印 刷 所
製 本 所　共同印刷株式会社

ISBN978-4-569-68981-4

NDC140 <196>p 20cm